Lohmann/Preusker (Hrsg.)
Mitarbeiter händeringend gesucht: Personalkonzepte sichern Überleben

Mitarbeiter händeringend gesucht: Personalkonzepte sichern Überleben

herausgegeben von
Prof. Heinz Lohmann
Dr. Uwe Preusker

mit Beiträgen von

Dr. Susann Breßlein
Prof. Dr. med. Jörg F. Debatin
Dr. Christiane Dithmar
Armin Ehl
Tobias Ehrhard
Prof. Dr. Axel Ekkernkamp
Volker Frese
Oliver Füllgraf
Hans-Joachim Funk
Friedhelm H. Girke
Prof. Dr. rer. pol. Klaus-Dirk Henke
Christiane Iwanoff
Esther Kebbel
Karin M. Klossek
Dr. Thomas Kobas
Harald Kothe-Zimmermann
Claudia Lerch
Prof. Heinz Lohmann
Heino Plöger
Dr. med. Konrad Rippmann
Juliane Salehin
Prof. Dr. Bernd Schlüter
Prof. Dr. Christian Schmidt
Harald Stender
Dr. Peter Windeck
Larissa Wocken

Bibliographische Informationen der Deutschen Nationalbibliothek

Die Deutsche Nationalbibliothek verzeichnet diese Publikation in der Deutschen Nationalbibliographie; detaillierte bibliographische Daten sind im Internet über http://dnb.d-nd.de abrufbar.

Bei der Herstellung des Werkes haben wir uns zukunftsbewusst für umweltverträgliche und wiederverwertbare Materialien entschieden.

Der Inhalt ist auf elementar chlorfreiem Papier gedruckt.

ISBN 978-3-86216-025-9

Satz: Reemers Publishing Services GmbH, Krefeld
Druck: Beltz Druckpartner, Hemsbach

Vorwort

Der Schreckensruf ist in deutschen Krankenhäusern immer häufiger zu hören: Es gibt keine Bewerber mehr! Viele Chefärzte, die es viele Jahre gewohnt waren, bis zu hundert und mehr Bewerbungen auf eine Assistenzarzt-Stelle zu erhalten, bekommen jetzt manchmal gar keine mehr. Klassische Instrumente für die Besetzung freier Stellen wie zum Beispiel die Stellenanzeige in einschlägigen Fachblättern versagen.

Ärzte und Krankenschwestern sind bereits knapp und werden immer knapper! Mit diesem Phänomen muss sich heute jeder Verantwortliche in Krankenhäusern in Deutschland auseinandersetzen. Denn der Fachkräftemangel zeigt sich mittlerweile nicht nur in abgelegenen Regionen, sondern faktisch überall in Deutschland. Hinzu kommen neue Formen der Berufsausübung wie zum Beispiel die Tätigkeit als Honorararzt oder die Beschäftigung über eine Leiharbeitsfirma, die einerseits Mitauslöser, andererseits aber auch ein Ergebnis dieser Entwicklung sind.

Krankenhäuser sind hier gezwungen, neue Wege zu gehen. Qualifizierte Mitarbeiterinnen und Mitarbeiter zu finden und im Unternehmen dauerhaft zu halten, ist mittlerweile zu einer zentralen Aufgabe des Krankenhausmanagements geworden – ja, mehr noch: Krankenhäuser, die nicht in der Lage sind, genügend ärztliches und pflegerisches Fachpersonal zu akquirieren, sind in ihrer Existenz bedroht! Hinzu kommt, dass die ambulante Versorgung und bei Pflegekräften auch die Altenpflege um die gleichen Menschen konkurrieren.

Hier setzt dieses Buch an: Es untersucht nicht nur Hintergründe und Erscheinungsformen des Ärzte- und Pflegekräftemangels, sondern beschreibt vor allem konkrete und erfolgreiche Modelle, die von Unternehmen bereits erfolgreich beschritten werden, um etwas gegen den Fachkräftemangel im Krankenhaus zu tun.

Aktive Unternehmen aus dem Gesundheitsbereich beschreiben darin eine Fülle höchst unterschiedlicher Lösungen für diese für mehr und

mehr Kliniken überlebenswichtige Frage. Ergänzend werden Personal-
beschaffungs- und Personalentwicklungsstrategien von Industrieunter-
nehmen aus verwandten Bereichen, so etwa der Medizintechnik, dargestellt. So können passende Ideen und Modelle vom Leser unmittelbar
als Anregung für seine Praxis genutzt werden.

Hamburg/Vantaa/Heidelberg,   Heinz Lohmann   Uwe K. Preusker
im März 2011

Inhaltsverzeichnis

Beschäftigungsentwicklung in der Gesundheitswirtschaft

Prof. Dr. Klaus-Dirk Henke/Tobias Ehrhard

Abstract: Die Gesundheitswirtschaft ist unzweifelhaft ein personalintensiver Wirtschaftszweig. Im vorliegenden Beitrag steht eine quantitative Erfassung von Umfang, Struktur und zeitlicher Entwicklung der Beschäftigung in der wachsenden Gesundheitswirtschaft im Vordergrund. Diese erfolgt überwiegend auf der Grundlage der verfügbaren Daten des Statistischen Bundesamtes und neuerer Berechnungen im Rahmen des Gesundheitssatellitenkontos. Nach einer makroökonomischen Sicht des Arbeitsmarkts werden die Teilarbeitsmärkte statistisch genauer untersucht und um eine berufsspezifische Betrachtung erweitert. Die folgende Analyse der Daten stützt die statistische Erfassung der Gesundheitswirtschaft. Sie schließt mit einem Ausblick auf die absehbare zukünftige Entwicklung.

1 Ausgangslage aus volkswirtschaftlicher Perspektive

Neben den geläufigen Begriffen Gesundheitsversorgung, Gesundheitssystem und Gesundheitswesen gesellt sich immer häufiger die Gesundheitswirtschaft als ein weiterer Begriff hinzu. Gemeint ist damit ein eigenständiger Wirtschaftssektor, der sich neben den anderen Sektoren, wie beispielsweise der Energiewirtschaft, der Automobilwirtschaft oder dem Tourismus etabliert. Die Diskussion über die Gesundheitswirtschaft hat sich in Wissenschaft, Politik, Wirtschaft und in der Fachwelt aber nicht nur deswegen grundlegend verändert. Es hat sich ein neues Verständnis von Gesundheit entwickelt, dass sich Abb. 1 entnehmen lässt, in der das alte Bild einem neuen Bild gegenübergestellt wird.

Im Vordergrund dieser Sichtweise und dieses Beitrags steht die Aussage, dass das Gesundheitswesen nicht nur ein Kostenfaktor ist, sondern zum volkswirtschaftlichen Wachstum und zur Beschäftigung beiträgt sowie die Berufswelt verändert. Auch wenn diese Betrachtung allgemein akzeptiert wird, gab es bisher nur wenige statistische Analysen zu diesem Thema.

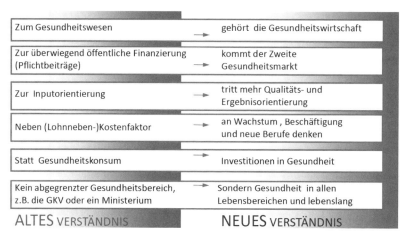

Abb. 1: Neues Verständnis von Gesundheit: Auf dem Wege zur offenen Gesundheitsgesellschaft
Quelle: Eigene Darstellung.

Das Bundesministerium für Wirtschaft und Technologie beauftragte aus diesem Grunde die TU Berlin gemeinsam mit Roland Berger Strategy Consultants und BASYS/WifOR, ein Satellitenkonto in Kooperation mit dem Statistischen Bundesamt zu erstellen und es bis Anfang 2012 weiter zu entwickeln. Gemäß den gestellten Anforderungen sollte ein Gesundheitssatellitenkonto (GSK) auf der Basis einer begründbaren Abgrenzung der Gesundheitswirtschaft

- die Bruttowertschöpfung,

- die Beschäftigtenzahl,

- Vorleistungen sowie

- Export- und Importströme

ermitteln. Diese Daten liegen mittlerweile für das Jahr 2005 vor. Sie werden zurzeit bis 2007 ergänzt und auf das Jahr 2009 hochgerechnet.[1]

---

1 Henke, K.-D., Neumann, K., Schneider, M. et al. (2010): Erstellung eines Satellitenkontos für die Gesundheitswirtschaft in Deutschland. Forschungsprojekt im Auftrag des Bundesministeriums für Wirtschaft und Technologie (BMWi), Europäische Schriften zu Staat und Wirtschaft, Band 30, Nomos, Baden-Baden.

Die Ende 2009 für das Jahr 2005 vorgelegten Ergebnisse lassen sich den Eckwerten des GSK in Form von makroökonomischen Kennziffern in den Abb. 2 und 3 entnehmen.

Makroökonomische Kennziffern	Gesamt-wirtschaft	GW	KGW	EGW
Bruttowertschöpfung	2.026,4	206,8	158,9	47,9
Anteil an der Gesamtwirtschaft	100 %	10,2 %	7,8 %	2,4 %
+ Vorleistungen	2.035,8	124,0	89,1	34,9
Anteil an der Gesamtwirtschaft	100 %	6,1 %	4,4 %	1,7 %
= Produktion zu Herstellpreisen	4.062,2	330,8	248,1	82,8
Anteil an der Gesamtwirtschaft	100 %	8,1 %	6,1 %	2,0 %
+ Importe	753,1	46,7	31,4	15,3
Anteil an der Gesamtwirtschaft	100 %	6,2 %	4,2 %	2 %
= Güteraufkommen zu Herstellpreisen	4.815,4	377,5	279,5	98,1
Anteil an der Gesamtwirtschaft	100 %	7,8 %	5,8 %	2,0 %

Abb. 2: Eckwerte des GSK für die BRD in Mrd. EUR, 2005, Entstehungsseite

Quelle: Henke, K.-D.; Neumann, K.; Schneider, M. et al. (2010): Erstellung eines Satellitenkontos für die Gesundheitswirtschaft in Deutschland. Forschungsprojekt im Auftrag des Bundesministeriums für Wirtschaft und Technologie (BMWi), Europäische Schriften zu Staat und Wirtschaft, Band 30, Nomos, Baden-Baden.

Im Rahmen der Volkswirtschaftlichen Gesamtrechnungen stehen häufig die Bruttowertschöpfung und die Beschäftigung im Vordergrund. So betrug die Wertschöpfung der gesamten Gesundheitswirtschaft (GW) 10,2 %, wobei sich im Kernbereich (KGW) 7,8 % und im erweiterten Bereich von Gesundheitsleistungen (EGW) 2,4 % ergaben. Darüber hinaus sind die Ergebnisse bezüglich der Vorleistungen, der Produktion, des Imports und des gesamten Güteraufkommens zu Herstellpreisen dargestellt (vgl. Abb. 2).

In Abb. 3 ist die Berechnung der Verwendungsseite dargestellt. Dabei geht es in erster Linie um die Konsumausgaben zu Marktpreisen, die Exporte, die Investitionen sowie die intermediäre Verwendung (Vorleistungen). Schließlich ergibt sich für den Arbeitsmarkt, dass im Jahr 2005 5,3 Mio. Erwerbstätige oder 13,8 % (grob jeder Siebte) in der Gesundheitswirtschaft tätig waren. Im Kernbereich betrug der Anteil 10,4 % und im erweiterten Bereich 3,4 %. Damit liegen die Zahlen der im GSK abgegrenzten Gesundheitswirtschaft höher als die bisherigen Zahlen des Stat. Bundesamtes in der (enger bzw. anders abgrenzenden) Gesundheitspersonalrechnung[2].

---

2 Zu den Unterschieden in der Abgrenzung siehe „3. Berufsspezifische Betrachtung".

Makroökonomische Kennziffern	Gesamt-wirtschaft	GW	KGW	EGW
Konsumausgaben zu Marktpreisen	**1.583,3**	**278,4**	217,0	61,3
Anteil an der Gesamtwirtschaft	100 %	17,6 %	13,7 %	3,9 %
+ Exporte	**897,1**	**54,5**	**41,5**	**13,0**
Anteil an der Gesamtwirtschaft	100 %	6,1 %	4,6 %	1,5 %
+ Anlageinvestitionen u. Vorratsveränderungen	**356,6**	**2,7**	**1,2**	**1,5**
+ Intermediäre Verwendung	**1.978,5**	**41,9**	**19,7**	**22,2**
= Güteraufkommen zu Herstellpreisen	**4.815,4**	**377,5**	**279,5**	**98,1**

Eckwerte	GW	KGW	EGW
Erwerbstätige in Tsd.	**5.375**	**4.051**	**1.324**
Anteil an der Gesamtwirtschaft	13,8 %	10,4 %	3,4 %

Abb. 3: Eckwerte des GSK für die BRD in Mrd. EUR, 2005, Verwendungsseite und Erwerbstätige

Quelle: Henke, K.-D.; Neumann, K.; Schneider, M. et al. (2010): Erstellung eines Satellitenkontos für die Gesundheitswirtschaft in Deutschland. Forschungsprojekt im Auftrag des Bundesministeriums für Wirtschaft und Technologie (BMWi), Europäische Schriften zu Staat und Wirtschaft, Band 30, Nomos, Baden-Baden.

Bei einer näheren Betrachtung der zugrunde gelegten Gütergruppen, die im GSK den Kernbereich (KGW) und den erweiterten Bereich (EGW) der Gesundheitswirtschaft bilden, ergibt sich das in Tab. 1 wiedergegebene Bild. Die Anzahl der Erwerbstätigen ist unterteilt nach der absoluten Zahl und den relativen Anteilen an der gesamten Gesundheitswirtschaft.

Tab. 1: Erwerbstätige der Gesundheitswirtschaft im Gesundheitssatellitenkonto nach Gütergruppen des KGW und EGW in 2005

Quelle: Eigene Darstellung, Datenbasis: Henke, K.-D.; Neumann, K.; Schneider, M. et al. (2010): Erstellung eines Satellitenkontos für die Gesundheitswirtschaft in Deutschland. Forschungsprojekt im Auftrag des Bundesministeriums für Wirtschaft und Technologie (BMWi), Europäische Schriften zu Staat und Wirtschaft, Band 30, Nomos, Baden-Baden.

		Gesundheitsgütergruppen	Erwerbstätige in Tausend	Anteil an Gesundheitswirtschaft gesamt
KGW	G_1	Pharma	76	1,41 %
	G_2	Medizintechnik	137	2,55 %
	G_3	Sonstige Waren des Kernbereichs	3	0,06 %
	G_4	Einzelhandel	327	6,08 %
	G_5	Private Versicherungen	17	0,32 %
	G_6	Sozialversicherung, Verwaltung	196	3,65 %

		Gesundheitsgütergruppen	Erwerbs-tätige in Tausend	Anteil an Gesundheits-wirtschaft gesamt
	G_7	Stat. Einrichtungen d. Gesundheits-u. Sozialwesens	1.574	29,27 %
	G_8	Amb. Einrichtungen d. Gesundheits-u. Sozialwesens	1.618	30,09 %
	G_9	Sonstige Dienstleistungen des Kern-bereichs	104	1,93 %
EGW	G_10	Dienstleistungen der privaten Haus-halte	34	0,63 %
	G_11	Biologische und funktionelle Lebens-mittel	101	1,88 %
	G_12	Sonstige Gesundheitswaren des Erw. Bereichs	58	1,08 %
	G_13	Dienstl. Für Sport, Fitness und Wellness	150	2,79 %
	G_14	Sonst. Gesundheitsdienstleistungen d. Erw. Bereichs	982	18,26 %
			5.377	100,00 %

2 Teilarbeitsmärkte in der Gesundheitswirtschaft

Die Ergebnisse des Gesundheitssatellitenkontos liegen, wie bereits erwähnt, derzeit erst für das Jahr 2005 vor. Sie werden im Rahmen eines Anschlussprojektes des Bundesministeriums für Wirtschaft und Technologie durch WifOR, Roland Berger Strategy Consultants und die TU Berlin fortgeschrieben. Aus diesem Grund muss für eine vertiefende Analyse der Beschäftigungsentwicklung auf die Daten der Gesundheitspersonalrechnung (GPR)zurückgegriffen werden. Deren Analyse erfolgte im Rahmen eines weiteren Forschungsprojekts im Auftrag des Bundesministeriums für Wirtschaft und Technologie mit dem Titel „Innovationsimpulse der Gesundheitswirtschaft – Auswirkungen auf Wachstum, Beschäftigung und Krankheitskosten". Die Folgenden Ausführungen geben i n Auszügen die Ergebnisse der Arbeitsmarktanalyse wieder.[3]

---

3 Braeseke, G., Henke, K.-D. et.al (2011): Innovationsimpulse der Gesundheitswirtschaft – Auswirkungen auf Krankheitskosten, Wettbewerbsfähigkeit und Beschäftigung. Forschungsprojekt im Auftrag des Bundesministeriums für Wirtschaft und Technologie (BMWi), Abschlussbericht, Berlin.

Im Vergleich zur Gesamtwirtschaft zeichnete sich die Gesundheitswirtschaft in ihrer dort zugrundeliegenden Abgrenzung in den Jahren von 2000 bis 2009 durch hohe Zuwachsraten der Erwerbstätigen aus. So stieg die Beschäftigung in diesem Zeitraum um 15,1 % im Vergleich zu 2,9 % in der Gesamtwirtschaft (siehe Tab. 2). Auch während der (Welt-)Wirtschaftskrise 2008/2009 hat sich die Gesundheitswirtschaft als stabilisierender Faktor des Arbeitsmarktes erwiesen: während die Entwicklung aller Erwerbstätigen in Deutschland von 2008 auf 2009 quasi stagnierte, konnte die Gesundheitswirtschaft weiter stellen aufbauen und wuchs um 2,2 %.

Tab. 2: Beschäftigte in der deutschen Gesundheitswirtschaft auf der Grundlage der GPR

Quelle: Eigene Darstellung, Datenbasis: Statistisches Bundesamt (2011), Erwerbstätigenrechnung, Online verfügbar unter http://www.destatis.de/ jetspeed/portal/cms/Sites/destatis/Internet/DE/Content/Statistiken/ Arbeitsmarkt/Erwerbstaetige/Tabellen/Content50/InlaenderInlandskonzept, templateId = renderPrint.psml, letzter Abruf 3.1.2011; GBE (2011) Tabelle (gestaltbar): GPR, Beschäftigte im Gesundheitswesen u. a. nach Art der Beschäftigung und der Einrichtung, Online verfügbar unter www.gbe-bund.de, letzter Abruf 3.1.2011; GBE (2011) Tabelle (gestaltbar): GPR, Vollkräfte (Vollzeitäquivalente) im Gesundheitswesen, Online verfügbar unter www.gbe-bund.de, letzter Abruf 3.1.2011.

Jahre/Beschäftigte in Tausend	2000	2001	2002	2003	2004	2005	2006	2007	2008	2009	Δ 2009/ 2000
Erwerbstätige in D insgesamt (Inlandskonzept)	39.144	39.316	39.096	38.726	38.880	38.835	39.075	39.724	40.276	40.271	2,9 %
Beschäftigte Gesundheitswirtschaft (GPR)	4.115	4.180	4.274	4.358	4.390	4.420	4.463	4.540	4.632	4.735	15,1 %
Anteil Gesundheitswirtschaft an Erwerbstätigen insgesamt	10,5 %	10,6 %	10,9 %	11,3 %	11,3 %	11,4 %	11,4 %	11,4 %	11,5 %	11,8 %	
VZÄ Gesundheitswirtschaft (GPR)	3.290	3.328	3.383	3.413	3.419	3.400	3.405	3.451	3.519	3.595	9,3 %
Beschäftigte Gesundheitswirtschaft, Teilzeit	1.071	1.121	1.117	1.163	1.199	1.251	1.313	1.377	1.427	1.471	37,4 %

Nicht nur die absolute Höhe der Erwerbstätigen konnte einen deutlichen Zuwachs verzeichnen, auch die Beschäftigung gemessen in sog. Vollzeitäquivalente (VZÄ)[4] nahm im Zeitraum von 2000 bis 2009 mit 9,3 % (+305.000 VZÄ) überproportional im Vergleich zur Gesamtwirtschaft zu. Die Zahl der Teilzeitbeschäftigungen erhöhte sich um 400.000 Fälle und damit um 37,4 %.

Die dargestellten Ergebnisse sind aus zwei Gründen nicht direkt mit den Ergebnissen des Gesundheitssatellitenkontos vergleichbar. Zum einen erfasst das GSK analog zur Erwerbstätigenrechnung der VGR nur hauptberuflich tätige Personen. Personen mit mehreren Teilzeitjobs werden nur einmal berücksichtigt (Personenkonzept).[5] Die GPR dagegen zählt sog. Beschäftigungsfälle. Personen mit mehreren Tätigkeiten im Gesundheitswesen werden auch mehrfach erfasst.[6] Neben dieser Besonderheit werden von beiden Rechenwerken die gleichen Personengruppen betrachtet, weswegen in diesem Beitrag die Begriffe Erwerbstätige und Beschäftigte synonym verwendet werden.

Zum anderen fallen die Zahlen zur Erwerbstätigkeit in der GPR im Vergleich zum GSK geringer aus, da entsprechend der im GSK entwickelten Systematik zur Abgrenzung gesundheitsrelevanter Bereiche weitere, über die in der GPR erfassten Vorleistungsindustrien[7] hinausgehende Bereiche zur Gesundheitswirtschaft einbezogen wurden. Dazu gehört beispielsweise auch das Personal in Forschung und Entwicklung in der Medizin sowie in Heimen des Sozialbereichs (für Behinderte, Mütter u. a.).

Aus Tab. 3 ist ersichtlich, dass es innerhalb der Gesundheitswirtschaft erhebliche Unterschiede gibt. So wuchs die Beschäftigung im ambulanten Bereich von 2000 bis 2009 mit 22,8 % deutlich stärker als beispielsweise die Zahl der Erwerbstätigen im stationären/teilstationären Sektor (+9,4 %). Der sich möglicherweise darin widerspiegelnde Trend zu ambulanten Behandlungsformen beruht größtenteils auf dem medizinischtechnischen Fortschritt. Neue Medikamente und moderne Behandlungsmethoden verkürzen oder vermeiden Krankenhausaufenthalte und machen die ambulante Betreuung auch innerhalb der eigenen Wohnung

---

4   Zeitwert den eine Vollzeit-Arbeitskraft mit 100 % Beschäftigungsgrad innerhalb eines vergleichbaren Zeitraums erbringt.

5   Statistisches Bundesamt (2011): Definition Erwerbstätige, Online verfügbar unter http://www.destatis.de/jetspeed/portal/cms/Sites/destatis/Internet/DE/ Content/Publikationen/STATmagazin/Arbeitsmarkt/2008__1/WW__ ErwerbstaetigeVGR,templateId = renderPrint.psml, letzter Abruf 1.1.2011.

6   Robert Koch-Institut (Hg.) (2009): Gesundheitsberichterstattung des Bundes, Heft 46, Beschäftigte im Gesundheitswesen, Berlin.

7   Pharmazeutische Industrie, medizintechnische und augenoptische Industrie sowie die medizinischen Laboratorien und der Großhandel.

möglich (Telemedizin).[8] Dagegen wurden in der Verwaltung und im Gesundheitsschutz in den letzten Jahren eher Stellen abgebaut.

Tab. 3: Beschäftigte in der deutschen Gesundheitswirtschaft nach Art der Einrichtung

Quelle: Eigene Darstellung, Datenbasis: GBE (2011) Tabelle (gestaltbar): GPR, Beschäftigte im Gesundheitswesen u. a. nach Art der Einrichtung und Berufen, Online verfügbar unter www.gbe-bund.de, letzter Abruf 3.1.2011.

Jahr/Beschäftigte in Tausend	2000	2001	2002	2003	2004	2005	2006	2007	2008	2009	Δ 2009/ 2000
Einrichtungen insgesamt	4.115	4.180	4.274	4.358	4.390	4.420	4.463	4.540	4.632	4.735	15,1 %
Gesundheitsschutz	42	42	42	41	40	41	41	40	40	40	–4,8 %
Ambulante Einrichtungen	1.688	1.724	1.771	1.843	1.887	1.907	1.918	1.972	2.018	2.072	22,8 %
Stationäre/teilstationäre Einrichtungen	1.729	1.743	1.776	1.776	1.763	1.772	1.790	1.809	1.849	1.892	9,4 %
Rettungsdienste	44	46	46	47	46	47	47	48	49	52	18,2 %
Verwaltung	214	217	217	214	211	206	208	201	195	198	–7,5 %
Sonstige Einrichtungen	112	118	121	133	141	144	151	155	161	173	54,5 %
Vorleistungsindustrien	286	291	301	304	302	303	307	316	320	309	8,0 %

Einen besonders hohen relativen Zuwachs konnten die sonstigen Einrichtungen verzeichnen. Hier stieg die Erwerbstätigkeit von 2000 auf 2009 um fast 54,5 %. Zu diesen Einrichtungen zählen Einrichtungen anderer Wirtschaftszweige, die Gesundheitsleistungen oder -güter anbieten (z. B. Taxiunternehmen, die Krankenfahrten durchführen). Darüber hinaus werden darunter auch Leistungen der privaten Haushalte, z. B. die Pflege von Angehörigen oder Bekannten durch Privatpersonen, erfasst.[9]

---

8   siehe hierzu im Einzelnen, Fachinger, U., Henke, K.-D. (Hg.) (2010): Der private Haushalt als Gesundheitsstandort – Theoretische und empirische Analysen. Europäische Schriften zu Staat und Wirtschaft, Band 31, Nomos, Baden-Baden.
9   Siehe GBE (2011): Tabelle (gestaltbar): GPR, Beschäftigte im Gesundheitswesen u. a. nach Art der Einrichtung und Berufen, Online verfügbar unter www.gbe-bund.de, letzter Abruf 3.1.2011.

Auch in den drei von der GPR erfassten Vorleistungsindustrien (Pharmazeutischen Industrie, Medizintechnische und augenoptische Industrie, Medizinische Laboratorien und Großhandel) nahm die Erwerbstätigkeit um 8 % zu.

Bei einer weiteren Aufschlüsselung der Sektoren ergibt sich im Zeitraum von 2000 bis 2009 ein sehr differenziertes Bild für die einzelnen Einrichtungen. Zudem wird bei dieser Betrachtung die Entwicklung der Vollzeitäquivalente dargestellt (Siehe Abb. 4). Knapp 70 % des Beschäftigungszuwachses von insgesamt 305.000 VZÄ entfiel auf den ambulanten Bereich (+209.000 VZÄ). Innerhalb dieses Sektors haben vor allem Praxen sonstiger medizinischer Berufe[10] (+88.000 VZÄ) und die ambulante Pflege (+52.000 VZÄ) Personal aufgebaut, während das Gesundheitshandwerk mit rund 12.000 VZÄ eine rückläufige Entwicklung aufweist.

Im stationären Sektor nahm die Beschäftigung ausschließlich in Pflegeeinrichtungen (+96.000 VZÄ) zu. In den Krankenhäusern wurden im Betrachtungszeitraum rund 27.000 bzw. 3,2 % der VZÄ abgebaut. Der Personalrückgang in Krankenhäusern geht dabei mit einer Verringerung der Belegungstage von 15 % seit 2000 infolge der kontinuierlich sinkenden durchschnittlichen Krankenhausverweildauer einher.[11] Außerdem hat die Anzahl der Krankenhäuser abgenommen. Da aber abgesehen von einem vorübergehenden Rückgang infolge der DRG-Einführung die stationär behandelten Fälle zunehmen, steigen seit 2006 auch die Belegungstage wieder an und die Krankenhäuser stellen Personal ein.[12]

---

10 Zu den Praxen sonstiger medizinischer Berufe gehören physio-, sprach-, ergo- und musiktherapeutische Praxen sowie Massagepraxen, Praxen von psychologischen Psychotherapeuten, Kinder- und Jugendpsychotherapeuten, Hebammen, Heilpraktikern oder medizinischen Fußpflegern. Vgl. Statistisches Bundesamt, Gesundheitspersonalrechnung, Definitionen, Quelle: GBE (2011): Tabelle (gestaltbar): GPR, Beschäftigte im Gesundheitswesen u. a. nach Art der Einrichtung und Berufen, Online verfügbar unter www.gbe-bund.de, letzter Abruf 3.1.2011.

11 GBE (2011): Tabelle (gestaltbar): Krankenhäuser / Vorsorge- oder Reha-Einrichtungen, Berechnungs-/Belegungstage, u. a. nach Einrichtungsmerkmalen, Online verfügbar unter www.gbe-bund.de, letzter Abruf 3.1.2011.

12 Braeseke, G., Henke, K.-D. et.al (2011): Innovationsimpulse der Gesundheitswirtschaft – Auswirkungen auf Krankheitskosten, Wettbewerbsfähigkeit und Beschäftigung. Forschungsprojekt im Auftrag des Bundesministeriums für Wirtschaft und Technologie (BMWi), Abschlussbericht, Berlin.

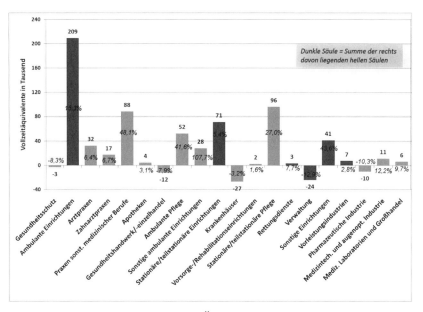

Abb. 4: Entwicklung der Zahl der VZÄ im Gesundheitswesen nach Einrichtungen von 2000 bis 2009 (in 1.000 Personen und in Prozent)

Quelle: Eigene Darstellung, Datenbasis: GBE (2011) Tabelle (gestaltbar): GPR, Vollkräfte (Vollzeitäquivalente) im Gesundheitswesen, Online verfügbar unter www.gbe-bund.de, letzter Abruf 3.1.2011

Lediglich 2,8 % (7.000 VZÄ) des in Vollzeitäquivalenten gemessenen Personalzuwachses entfiel im Betrachtungszeitraum auf die in der GPR berücksichtigten Vorleistungsindustrien.

Zum einen sind diese Industriezweige kapital- und technologieintensiver als die stationären und ambulanten Einrichtungen und bieten somit eher Substitutionsmöglichkeiten für den Faktor Arbeit. Auf der anderen Seite hinterließ die Finanz- und Wirtschaftskrise gerade hier ihre Spuren, von 2008 auf 2009 mussten 2,7 % der VZÄ abgebaut werden. Mit einem Plus von 11.000 VZÄ im Betrachtungszeitraum ist in diesem Sektor die medizintechnische und augenoptische Industrie der Beschäftigungsmotor. In der Pharmaindustrie wurden dagegen rund 10.000 VZÄ abgebaut, auch wegen einer deutlichen Ausweitung der Teilzeitbeschäftigung in diesem Bereich.[13]

---

13 Eigene Berechnungen, Datenbasis: GBE (2011): Tabelle (gestaltbar): GPR, Vollkräfte (Vollzeitäquivalente) im Gesundheitswesen, Online verfügbar unter www.gbe-bund.de, letzter Abruf 3.1.2011

3   Berufsspezifische Betrachtung

Wie bereits skizziert, ist die Anzahl der Beschäftigten in der Gesundheitswirtschaft laut der Gesundheitsberichterstattung des Bundes im Zeitraum 2000 bis 2009 kontinuierlich um mehr als 600.000 Erwerbstätige gestiegen. In den einzelnen Berufskategorien – innerhalb der GPR sind die Gesundheitsberufe in fünf Kategorien eingeteilt – fällt dieser Trend jedoch recht unterschiedlich aus (vgl. Tab. 4).

Tab. 4: Beschäftigte in der Gesundheitswirtschaft nach Berufen

Quelle: Eigene Darstellung, Datenbasis: GBE (2011) Tabelle (gestaltbar): GPR, Beschäftigte im Gesundheitswesen u. a. nach Art der Einrichtung und Berufen, Online verfügbar unter www.gbe-bund.de, letzter Abruf 3.1.2011.

Berufe in der Gesundheitswirtschaft	2000	2001	2002	2003	2004	2005	2006	2007	2008	2009
Beschäftigte in Tsd.	4.115	4.180	4.274	4.358	4.390	4.420	4.463	4.540	4.632	4.735
Anteil an gesamt	*100 %*	*100 %*	*100 %*	*100 %*	*100 %*	*100 %*	*100 %*	*100 %*	*100 %*	*100 %*
Gesundheitsdienstberufe	2.233	2.272	2.315	2.398	2.442	2.474	2.509	2.572	2.623	2.696
Anteil an gesamt	*54,3 %*	*54,4 %*	*54,2 %*	*55,0 %*	*55,6 %*	*56,0 %*	*56,2 %*	*56,7 %*	*56,6 %*	*56,9 %*
Soziale Berufe	258	279	294	308	318	332	347	378	391	414
Anteil an gesamt	*6,3 %*	*6,7 %*	*6,9 %*	*7,1 %*	*7,2 %*	*7,5 %*	*7,8 %*	*8,3 %*	*8,4 %*	*8,7 %*
Gesundheitshandwerker	139	140	139	144	144	140	139	139	140	142
Anteil an gesamt	*3,4 %*	*3,3 %*	*3,3 %*	*3,3 %*	*3,3 %*	*3,2 %*	*3,1 %*	*3,1 %*	*3,0 %*	*3,0 %*
Sonstige Gesundheitsfachberufe	92	94	93	93	92	96	95	95	94	98
Anteil an gesamt	*2,2 %*	*2,2 %*	*2,2 %*	*2,1 %*	*2,1 %*	*2,2 %*	*2,1 %*	*2,1 %*	*2,0 %*	*2,1 %*
Andere Berufe im Gesundheitswesen	1.393	1.395	1.433	1.415	1.394	1.378	1.373	1.356	1.384	1.385
Anteil an gesamt	*33,9 %*	*33,4 %*	*33,5 %*	*32,5 %*	*31,8 %*	*31,2 %*	*30,8 %*	*29,9 %*	*29,9 %*	*29,3 %*

Eine deutliche Steigerung ist bei den Gesundheitsdienstberufen[14] zu verzeichnen, welche einen Zuwachs von etwa 460.000 (+20,7 %) Erwerbstätigen im Betrachtungszeitraum aufweisen. Ihr Anteil an der Gesamtzahl der Beschäftigten im Gesundheitswesen stieg von rund 54 % in 2000 auf knapp 57 % in 2009. Mit rund 30 % der Erwerbstätigen im Jahr 2009 machen die Gesundheits- und Krankenpfleger den größten Teil dieser

---

14 U.a. (Zahn-)Ärzte, Apotheker, (zahn-)medizinische Fachangestellte, Gesundheits- und Krankenpfleger(-helfer), Physiotherapeuten, therapeutische Berufe.

Kategorie aus, gefolgt von den medizinischen Fachangestellten mit etwa 23 % und den Ärzte (ohne Zahnärzte) mit 12 %.

Die Berufskategorie der sozialen Berufe[15] konnte ebenso eine Steigerung ihrer Beschäftigung aufweisen, auch wenn der Anstieg mit 156.000 Erwerbstätigen zwischen 2000 und 2009 nur ungefähr ein Drittel des Zuwachses der Gesundheitsdienstberufe darstellt. Allerdings war der relative Zuwachs mit 60,5 % deutlich höher. Auch der Anteil der sozialen Berufe an allen Erwerbstätigen in der Gesundheitswirtschaft wuchs deutlich auf 8,7 %.In dieser Kategorie dominieren die Altenpfleger, die im Jahr 2009 einen Anteil von rund 94 % der Beschäftigung inne hatten.

Dagegen verlor die Kategorie der Gesundheitshandwerker[16] an Bedeutung, ihr Anteil schrumpfe auf 3 %, obwohl die Zahl der Erwerbstätigen leicht zunahm (+2,2 %). In diesem Berufsfeld stellen die Zahntechniker mit 46 % der Erwerbstätigen in 2009 den größten Bereich dar.

Auch bei den sonstigen Gesundheitsfachberufen[17] ist kein klarer Trend erkennbar, da die Zahl der Erwerbstätigen im Betrachtungszeitraum deutlichen Schwankungen unterworfen war. Trotz einer absoluten Zunahme von 6.000 Erwerbstätigen von 2000 bis 2009, ist die Bedeutung dieser Berufskategorie eher rückläufig. Hier sind mit knapp 47 % der Erwerbstätigen im Jahr 2009 vor allem pharmazeutisch-kaufmännische Angestellte beschäftigt.

Bei den anderen Berufe im Gesundheitswesen, die den größten Bereich nach den Gesundheitsdienstberufen ausmachen, ist der Anteil von 34 % bis 2008 auf 29 % zurückgegangen. Im Rahmen der GPR werden in dieser Kategorie alle Berufe in der Gesundheitswirtschaft subsumiert, die nicht den übrigen Kategorien zugeordnet werden können[18].

Bei der Personalentwicklung zeigt sich, dass insbesondere die Pflegeberufe und die therapeutischen Berufe den zahlenmäßig größten Zuwachs verzeichneten. Aus diesem Grund sind abschließend in Tab. 5 die Berufe mit dem größten Zuwachs im Zeitraum 2000 bis 2009 sowohl in Köpfen als auch in Vollzeitäquivalenten dargestellt. Der Vergleich dieser beiden Größen lässt auch Rückschlüsse auf die Entwicklung der Teilzeitarbeit zu.

---

15 Altenpfleger, Heilerziehungspfleger, Heilpädagogen.
16 Augenoptiker, Zahntechniker, Orthopädiemechaniker, Sonstige Gesundheitshandwerker.
17 U.a. Gesundheitsingenieure, Gesundheitstechniker, pharmazeutisch-kaufmännische Angestellte.
18 Dazu gehören beispielsweise das Reinigungs- und Küchenpersonal in Krankenhäusern, Kurierdienste der Apotheken oder in den Einrichtungen der Gesundheitswirtschaft tätige Handwerker.

Tab. 5: Gesundheitsberufe mit dem größten Zuwachs im Zeitraum 2000 – 2009 (Köpfe und VZÄ)

Quelle: Eigene Darstellung, Datenbasis: GBE (2011) Tabelle (gestaltbar): GPR, Beschäftigte im Gesundheitswesen u. a. nach Art der Einrichtung und Berufen, Online verfügbar unter www.gbe-bund.de, letzter Abruf 3.1.2011; GBE (2011) Tabelle (gestaltbar): GPR, Vollkräfte (Vollzeitäquivalente) im Gesundheitswesen, Online verfügbar unter www.gbe-bund.de, letzter Abruf 3.1.2011.

Berufe	Zuwachs (2000 – 2009)			
	in 1.000 Köpfe	in %	in 1.000 VZÄ	in %
Altenpfleger	146	+ 60,3	82	+ 38,9
Physiotherapeuten	55	+ 83,3	42	+ 41,2
Therapeutische Berufe a. n. g.	54	+ 98,2	36	+ 83,7
Gesundheits- und Krankenpfleger	94	+ 13,1	33	+ 6,0
Gesundheits- und Kranken-pflegehelfer	49	+ 23,4	33	+ 21,4
Ärzte	31	+ 10,5	26	+ 9,8
(zahn-)medizinische Fachangestellte	81	+ 14,7	28	+ 6,4

Die im Betrachtungszeitraum stark zunehmende Beschäftigung der Altenpfleger liegt an der höheren Nachfrage nach den Leistungen dieser Berufsgruppe. In den Jahren 1999 bis 2007 erhöhte sich die Zahl der professionell zu betreuenden Pflegebedürftigen um 21,4 % (von 415.000 auf 504.000 Personen) im ambulanten Bereich und um 23,7 % (von 573.000 auf 709.000 Personen) in den stationären Einrichtungen.[19]

Der positive Beschäftigungstrend bei den Physiotherapeuten und anderen therapeutischen Berufen wird zum einen mit der demografischen Entwicklung erklärt, die mit immer mehr chronisch kranken Menschen einhergeht. Auf der anderen Seite wird der Physiotherapie im Gesundheitssystem eine steigende Bedeutung beigemessen. Im Sinne kürzerer Rehabilitationszeiten und Einsparungen der Behandlungskosten werden Patienten heute auch nach großen Eingriffen frühzeitig mit Hilfe der Physiotherapie mobilisiert. Außerdem geht infolge der Einführung der DRGs der Trend weg von in Krankenhäusern angestellten Physiotherapeuten hin zu mehr freiberuflich tätigen Fachkräften.[20]

---

19 GBE (2011): Tabelle (gestaltbar): Pflegebedürftige, u. a. nach Alter und Geschlecht, Online verfügbar unter www.gbe-bund.de, letzter Abruf 3.1.2011.

20 Vgl. Frankfurter Allgemeine Sonntagszeitung (27.6.2010): „Falsch gesessen wird immer" Im Gespräch: Eckhardt Böhle, Generalsekretär des Physiotherapeutenverbandes.

4 Ausblick auf die zukünftige Entwicklung

Bis zum Jahr 2030 wird sich die Zahle der Sechzigjährigen und Älteren in Deutschland von 21,2 Mio. im Jahr 2009 auf 28,5 Mio. erhöht haben. Dies entspricht einer Zunahme von rund 7,3 Mio.[21] oder 34,5 %. Entsprechend gehören im Jahr 2030 37 % der Einwohner in Deutschland zu der Altersklasse der über Sechzigjährigen. Dieses Verhältnis spitzt sich bis 2050 bei sinkenden Bevölkerungszahlen zu, so dass sich der Anteil der über Sechzigjährigen auf 40 % der Bevölkerung erhöhen wird.

Diese absehbare demografische Entwicklung wird laut einer Prognose der Statistischen Landesämter in den kommenden Jahrzehnten trotz insgesamt rückläufiger Bevölkerungszahlen zu einem Anstieg der Pflegebedürftigen und der Zahl der Patientinnen und Patienten in Krankenhäusern führen. Unter den Annahmen der 12. koordinierten Bevölkerungsvorausberechnung könnte sich die Zahl der Krankenhausfälle von derzeit ca. 17,9 Mio. auf 19,3 Mio. Fälle[22] im Jahr 2030 erhöhen. Dies entspricht einem Anstieg um 1,4 Mio. Fälle oder ca. 8 %.

Neben dieser absoluten Änderung kann es auch zu einer Verschiebung des Diagnosespektrums kommen, da ältere Menschen unter anderen Erkrankungen leiden als Jüngere. Dies führt auch zu einer Verschiebung innerhalb der medizinischen Fachabteilungen. So werden beispielsweise im Bereich Frauenheilkunde und Geburtshilfe die benötigten Kapazitäten sinken, während sich in der inneren Medizin oder Geriatrie ein deutlicher Mehrbedarf abzeichnet.

Für die nächsten Jahre ist im Zuge der skizzierten Alterung der Gesellschaft aber auch mit einem Anstieg der Zahl der Pflegebedürftigen zu rechnen. Nach den Prognosen der Statistischen Landesämter werden im Jahr 2030 ca. 3,37 Mio. Pflegebedürftige erwartet. Verglichen mit 2,25 Mio. Pflegefällen im Jahr 2007 entspricht dies einem Anstieg von ca. 50 %.[23]

Neben dieser demografischen Komponente ist darüber hinaus davon auszugehen, dass der medizinisch-technische Fortschritt auch in Zukunft die Nachfrage nach Gesundheitsleistungen steigern wird, somit neue

---

21 12. koordinierte Bevölkerungsvorausberechnung, Vorausberechnungsvariante „untere Grenze der mittleren Bevölkerungsentwicklung".

22 Status-Quo-Szenario: Unter Berücksichtigung konstanter alters- und geschlechtsspezifischer Diagnosefallquoten, basierend auf den Istwerten der Jahre 2006 bis 2008.

23 Statistische Ämter des Bundes und der Länder (2010): Demografischer Wandel in Deutschland, Heft 2, Auswirkungen auf Krankenhausbehandlungen und Pflegebedürftige im Bund und in den Ländern, Ausgabe 2010, Wiesbaden.

und verbesserte Diagnostik- und Behandlungsmöglichkeiten die Fallzahlen erhöhen. Diese steigt auch auf Grund der sich gemäß Abbildung 1 entwickelnden Präferenzen für Gesundheitsleistungen, so dass der Fachkräftebedarf der Gesundheitswirtschaft stetig wächst.

Die im Rahmen des Projekts zum Gesundheitssatellitenkonto erarbeitete Prognose zur Entwicklung der Beschäftigung in der Gesundheitswirtschaft bis 2030 ergab, dass bis zum Jahr 2030 voraussichtlich jeder 5. Erwerbstätige in dieser Branche beschäftigt sein könnte. Insgesamt wird der Bedarf auf rund 7,5 Mio. Personen geschätzt – ein Zuwachs von über 38 % gegenüber 2005.[24]

Aufgrund der Brisanz der Thematik haben verschiedene Institutionen den berufsspezifischen Fachkräftebedarf der kommenden Jahre quantifiziert. So prognostizieren beispielsweise die Ärzteverbände jüngst, dass von 2010 bis 2020 insgesamt 71.625 Ärzte altersbedingt aus dem Berufsleben ausscheiden werden. In diesen „Ersatzbedarf" sind die steigenden Bedarfe auf Grund der Nachfrageausweitung jedoch noch nicht berücksichtigt.

Bezüglich der Pflegekräfte hat das Freiburger Forschungszentrum Generationenverträge errechnet, dass der Bedarf an Altenpflegekräften von 316.000 (2007) auf 850.000 Vollzeitäquivalente im Jahr 2050 ansteigen wird. Davon werden 640.000 VZÄ auf den stationären und 210.000 auf den ambulanten Sektor entfallen. Diesem Bedarf stehen im Jahr 2050 voraussichtlich 420.000 Altenpflegekräfte auf dem Arbeitsmarkt gegenüber, d. h. der gestiegene Bedarf könnte nur zu knapp 20 %[25] gedeckt werden.[26]

Diese zu erwartende Entwicklung ist auch der Entwicklung auf dem Ausbildungsmarkt geschuldet. Die Ausbildungszahlen für Gesundheits- und Krankenpflegende verringerten sich um 10 % von 69.403 im Jahr 2000 auf 62.486 im Jahr 2008.[27] Entsprechend verringerte sich auch die Zahl der jährlichen Absolventen bei Gesundheits- und Krankenpflegern

---

24 Henke, K.-D., Neumann, K., Schneider, M. et al. (2010): Erstellung eines Satellitenkontos für die Gesundheitswirtschaft in Deutschland. Forschungsprojekt im Auftrag des Bundesministeriums für Wirtschaft und Technologie (BMWi), Europäische Schriften zu Staat und Wirtschaft, Band 30, Nomos, Baden-Baden.

25 Bei Annahme konstanter Lohnausgaben pro Pflegefall.

26 Hackmann, T. (2009): Arbeitsmarkt Pflege: Bestimmung der künftigen Altenpflegekräfte unter Berücksichtigung der Berufsverweildauer. Diskussionsbeiträge des Forschungszentrums Generationenverträge, 40.

27 Vgl. Deutsche Berufsverband für Pflegeberufe (DBfK) (Hg.) (2009): Wie sieht es im Pflegealltag wirklich aus? – Fakten zum Pflegekollaps, Online verfügbar unter http://www.dbfk.de/wDefault/download/download/Abschlussbericht-Wie-sieht-es-im-Pflegealltag-wirklich-aus___.pdf, letzter Abruf 3.1.2011.

von über 16.000 (2000) auf 13.900 (2008), was einem Rückgang von 14 % entspricht.

In einer gemeinsamen Studie von WifOR und PwC wurden die zu erwartenden Fachkräfteengpässe bis zum Jahr 2030 berechnet. Unter Berücksichtigung der zurückliegenden Trends und unveränderter Rahmenbedingungen könnte sich die Personallücke im Gesundheitswesen (ambulanter und stationärer Sektor) im Jahr 2030 auf bis zu 165.000 Ärzte und 786.000 nicht-ärztliche[28] Vollkräfte belaufen. Dies entspricht 42 % der nachgefragten Ärzte und 39 % der nachgefragten Nicht-Ärzte des Jahres 2030. Alleine in den Kliniken fehlen dann voraussichtlich 400.000 Krankenschwestern, -pfleger und Pflegehelfer.[29]

Um dem deutlich erkennbaren Mangel an Fachkräften begegnen zu können, muss zum einen die Attraktivität der Berufsbilder im Gesundheitswesen, z. B. durch höhere Entlohnung und flexiblere Arbeitszeitmodelle, gesteigert werden. Auf der anderen Seite muss das bestehende und das zukünftige Arbeitsangebot im Gesundheitswesen effizient hinsichtlich ihrer Qualifikationen eingesetzt werden. In diesem Zusammenhang spielt die Aufgabenneuverteilung zwischen einzelnen Berufen eine entscheidende Rolle. Dabei werden möglichst diejenigen Aufgaben von der höheren auf die niedrigere Qualifikationsebene übertragen, die von einer anderen Berufsgruppe qualitativ gleichwertig, aber kostengünstiger erbracht werden können. Die Delegation kann sowohl von Ärzten auf hoch qualifizierte Pflegekräfte, als auch von diesen auf einfache Hilfskräfte (Serviceassistenten) erfolgen.

Darüber hinaus muss das Bildungssystem und die Bildungsangebote auf die neuen Anforderungen zugeschnitten werden. Beispielsweise sollten die Ausbildungsgänge für bestehende Berufsbilder – ähnlich wie Studiengänge – einen hohen zeitlichen Anteil an Basisausbildung beinhalten, die im Anschluss durch eine Spezialisierung abgerundet wird. Dadurch würde die Flexibilität der Pflegefachkräfte erhöht, bei gleichzeitiger Verbesserung der Chancen auf dem Arbeitsmarkt.[30]

Zusammenfassend hat die Analyse der Beschäftigungsentwicklung in der deutschen Gesundheitswirtschaft folgendes Bild ergeben, dass der

---

28 U.a. Krankenschwestern, Krankenpfleger, Hebammen, Helfer in der Krankenpflege, pharmazeutisch-technische Assistenten, Sprechstundenhelfer, Medizinallaboranten.

29 Ostwald, D., Ehrhard, T., Schmidt H. et al. (2010): Fachkräftemangel – Stationärer und ambulanter Bereich bis zum Jahr 2030. PricewaterhouseCoopers AG Wirtschaftsprüfungsgesellschaft (Hg.), Frankfurt am Main.

30 Rodewald, R., Funk, T., Sowa, K. (2006): Ausbildungspotenzial Berliner Gesundheitswirtschaft, Expertise, Berlin.

Entwicklung in anderen Ländern im europäischen Binnenmarkt sicherlich ähnelt:

- Die Beschäftigung nahm in der Gesundheitswirtschaft im Vergleich zu anderen Branchen und zur Gesamtwirtschaft deutlich zu. Ein anhaltender Trend ist zu erwarten.

- Der Personalbedarf dieser Leitbranche wird, getrieben von u. a. dem demografischen Wandel und dem medizinisch-technischen Fortschritt, weiter zunehmen.

- Eine differenzierte Analyse ist unverzichtbar, um die Beschäftigungspotentiale der einzelnen Teilarbeitsmärkte und Berufsfelder beurteilen zu können.

- Es kommt zu einer Nachfrageverschiebung zugunsten bestimmter Gesundheitsleistungen und damit auch nach beruflichen Qualifikationen.

- Die knappe Ressource „menschliche Arbeitskraft" wird in Zukunft Personalengpässe entstehen lassen, die sich nur durch eine höhere Attraktivität der Branche und durch eine effiziente und bedarfsgerechte Aus-, Fort- und Weiterbildung bekämpfen lassen.

Flaschenhals Mitarbeiter

Oliver Füllgraf, LL.M./Prof. Dr. med. Jörg F. Debatin, MBA

1 Einleitung

Das Gesundheitswesen in der Bundesrepublik Deutschland hat in den vergangenen Jahren einen intensiven Wandel erfahren. Die Einführung der Diagnosis Related Groups (DRG) zwingt zu einer vollkommen anderen Herangehensweise an die Patientenversorgung. Während Kliniken früher noch von langen Liegezeiten profitierten, kommt es heute darauf an, die vorhandenen Ressourcen prozessorientiert und ökonomisch sinnvoll einzusetzen. Diese grundlegenden Veränderungen erfordern ein hohes Maß an Anpassungsfähigkeit bei den Beschäftigten. Die notwendigen Neuerungen lassen sich nur dann umsetzen, wenn sie von den Mitarbeitern aufgenommen und umgesetzt werden. Im Sinne der Überschrift dieses Beitrags „Flaschenhals Mitarbeiter" bedeutet dies, dass auch die beste Prozessidee nur dann erfolgreich ist, wenn sie durch die Mehrheit der Beschäftigten sowohl verstanden, verinnerlicht als auch im täglichen Berufsalltag gelebt wird.

Weitere Faktoren, die in der Personalarbeit nachhaltig Einfluss genommen haben, sind die aktuellen Regelungen des Arbeitszeitgesetzes, der steigende Anteil weiblicher Ärzte mit deutlich mehr Teilzeitbeschäftigungsverhältnissen sowie die zunehmende Verknappung von qualifiziertem medizinischem Personal auf dem freien Arbeitsmarkt, insbesondere in der Ärzteschaft und dem fachweitergebildeten Pflegepersonal. Schließlich muss auch die universitäre Hochschulmedizin in den Bereichen Forschung und Lehre durch mehr Transparenz und Qualitätskontrolle messbarer und leistungsbezogener werden.

Diese Grundsätze beachtend hat das Universitätsklinikum Hamburg-Eppendorf (UKE) in den vergangenen sechs Jahren eine umfassende Veränderung zu einer leistungsorientierten Zentrumsstruktur vollzogen. Dies soll im Folgenden dargestellt werden.

2 Das neue UKE Selbstverständnis

Um im Gesundheitsmarkt bestehen zu können, hat das UKE eine Markenbildungsstrategie begonnen und gemäß seinem Slogan „Wissen, Forschen, Heilen – durch vernetzte Kompetenz" insbesondere die Interdisziplinarität zwischen verschiedenen Fachdisziplinen und Berufsgruppen zum wesentlichen Bestandteil seiner Unternehmenspolitik gemacht. Die Stärkung der fach- und berufsübergreifenden Zusammenarbeit ist dabei das Fundament der erfolgreichen Umstrukturierung der letzten Jahre.

Das UKE verfolgt bewusst eine Fokussierungsstrategie im Bereich der Krankenversorgung sowie zunehmend auch im Bereich der Forschung. Es sollen unabhängig von seinem umfassenden Versorgungsauftrag nicht mehr sämtliche medizinischen Leistungen angeboten, sondern vor allem diejenigen Leistungen intensiviert werden, die das UKE nachweislich mit besonderer Qualität anbieten kann. Um diese Strategie umzusetzen, hat das UKE in den vergangenen Jahren viel Energie in ein umfassendes und klar strukturiertes Controlling investiert. Davon ausgehend konnten Schwerpunkte identifiziert und in diesen Bereichen Leistungen gezielt weiterentwickelt und ausgebaut werden. Die Medizin am UKE ist heute in seinem Portfolio fokussierter und in der Summe aller angebotenen Fachdisziplinen deutlich besser geworden. Gleichzeitig wurden durch die Inbetriebnahme neuer Infrastruktur sowie die flächendeckende Einführung einer Elektronischen Patientenakte die Grundlagen für Prozesseffizienz und damit eine verbesserte Produktivität der Mitarbeiter gelegt.

3 Herausforderungen für das Personal

Den Beschäftigten des UKE fordern diese zahlreichen Veränderungen ein hohes Maß an Anpassungsfähigkeit und Leistungsbereitschaft ab. Die Definition eines schlankeren Behandlungsprozesses stellt lediglich das Fundament dar. Entscheidend jedoch ist die tatsächliche Umsetzung durch das vorhandene Personal. Um dabei Unterstützung anbieten zu können, wurden mehrere Programme in der UKE-eigenen Bildungsakademie etabliert mit dem Ziel, die Beschäftigten auf dem jeweils aktuellen prozessualen und medizinischen Stand zu halten und sich den neuen Anforderungen an die tägliche Arbeit stellen zu können. Durch die zunehmende Nutzung von Informationstechnologie konnte ein hoher, stetig zunehmender Vernetzungsgrad im UKE hergestellt werden. Die Möglichkeiten von vernetzten Technologien sowie der Einsatz elektronischer Dokumentationssysteme führen jedoch nur dann zu einem positiven Ergebnis, wenn die Endanwender ausreichend qualifiziert sind und ihnen die Anwendung leicht von der Hand geht. Hierbei spielt im UKE der Einsatz von E-learning eine große Rolle. So wird inzwischen jeder neue Mitarbeiter zunächst über E-learning Module noch vor Arbeitsaufnahme geschult, um bereits mit dem ersten Arbeitstag sofort in die Lage versetzt zu sein, im Sinne einer optimierten Patientenbetreuung tätig zu werden.

Gute Medizin braucht guten Nachwuchs und Forschung auf höchstem Niveau. Sowohl im Bereich Forschung als auch im Bereich Lehre wurden im UKE leistungsorientierte Finanzierungskomponenten eingeführt. Neben der steten Einbindung neuer Beschäftigter mit spezifischen Fachqualifikationen zur Stärkung des Forschungsstandortes ist es weiter wichtig, das Bestandspersonal in den rasanten Veränderungsprozessen der Forschungstechniken und -technologien fit zu halten und fortzubilden. Auch diesbezüglich wurden zahlreiche Programme entwickelt und über die universitäre Bildungsakademie angeboten.

4 Besondere Herausforderung Ärzteschaft

Sehr im Gegensatz zur Ärzteschwemme der 80'er Jahre ist der aktuelle Arbeitsmarkt durch einen zunehmenden Wettbewerb um qualifiziertes Personal gekennzeichnet. Vor allem öffentlich-rechtlich organisierte Einrichtungen haben gegen die zunehmend attraktiven Vergütungsstrukturen in privaten Kliniken je nach Region und Einsatzart zu kämpfen. Leistungsorientierte Vergütung war noch zu Zeiten des BAT für die in der Regel in großen Tarifstrukturen gebundenen öffentlich-rechtlichen Einrichtungen undenkbar. Auch die aktuellen Tarifstrukturen bieten nur im Ansatz Leistungsdifferenzierungsmerkmale. Ärzte haben seit dem Abschluss arztspezifischer Tarifverträge mit dem Marburger Bund überproportionale Vergütungszuwächse verzeichnen können. Gleichwohl wird in Deutschland die Ärzteflucht gefürchtet und insbesondere ländliche Regionen haben heute größte Probleme, qualifiziertes Personal zu gewinnen und zu binden. Zu beachten ist ferner der zunehmende Anteil weiblicher Ärzte. Die Kliniken müssen daher schon heute Strukturen etablieren, welche die Möglichkeit von Teilzeitarbeit erlauben und auch Teilzeitkräften eine planbare Karriereentwicklung gestatten.

5 Personalbindung heute

Da das Personal nicht mehr automatisch durch eine ausreichende Anzahl von Initiativbewerbungen gefunden wird, sind die Kliniken heute gezwungen, sich auf dem Arbeitsmarkt zunehmend als attraktiver Arbeitgeber zu präsentieren. Neben Kindergartenplätzen und zahlreichen weiteren Vergünstigungen werden mittlerweile vielerorts auch Dienstwagenregelungen verhandelt sowie die Wohnungssuche aktiv unterstützt. Nicht ungewöhnlich ist ferner eine Selbstverpflichtung der Arbeitgeber, eine Facharztqualifikation binnen 5 Jahren sicher und gut strukturiert anzubieten.

Für den ärztlichen Dienst liegt schon aus den oben dargestellten Gründen ein erheblicher Schwerpunkt in der Entwicklung strukturierter Weiterbildungsprogramme. Sie sind zunehmend abteilungsübergreifend und in Einzelfällen sogar institutions-übergreifend organisiert. Berechenbarkeit und Struktur sind die entscheidenden Merkmale attraktiver Weiterbildungsprogramme, ohne die die Verpflichtung leistungsfähiger Assistenten kaum noch vorstellbar ist.

Ärzte sind des Weiteren von patientenfernen Tätigkeiten zu entlasten, wobei das Pflegepersonal nicht durch steigende Dokumentationszwänge am direkten Einsatz am Patienten gehindert werden darf. Neben der technischen Unterstützung durch umfassende IT-Systeme, sind vor allem neue Berufsbilder wie etwa Dokumentationsassistenten oder DRG-Dokumentare weiter zu etablieren. Ziel dieser Maßnahmen muss es sein, bestmöglich qualifiziertes und motiviertes Personal in ausreichender Anzahl möglichst patientennah einzusetzen.

Der Kampf um Talente wird in den kommenden Jahren weiter zunehmen. Insbesondere Häuser der Maximalversorgung werden den häufig höheren Arbeitsaufwand nur dann mit gut qualifiziertem Personal bedienen können, wenn neben attraktivem Gehalt insbesondere ein attraktives Arbeitsumfeld geboten wird. Dabei wird es darauf ankommen, dass Strukturen geschaffen werden, in denen gutes Führungspersonal auf der Grundlage von individuellen Zielvereinbarungen den Beschäftigten Möglichkeiten eröffnet, ökonomisch sinnvoll und prozessorientiert zu arbeiten. Basis jeder Zielvereinbarung muss ein an der Unternehmensphilosophie ausgerichtetes Führungsverständnis sein. Individuelle Qualifizierung und Fortbildung wird dabei ebenso wichtig sein wie flexible Arbeitszeitmodelle in Pflege und Medizin. Die Work-Life-Balance wird ein bedeutender Faktor bei der Frage der Arbeitgeberwahl einnehmen. Insgesamt wird das Gesundheitswesen auch in Berufsbildern neben der Medizin einen höheren Technisierungsgrad aufweisen. Die Beschäftigten werden zunehmend EDV-unterstützt arbeiten und müssen auf diese Form von Arbeit eingestellt sein. Arbeitgeber im Gesundheitswesen müssen vor diesem Hintergrund ein attraktives Angebot bieten, um neue Beschäftigte zu gewinnen und qualifiziertes Bestandspersonal zu binden.

Daneben darf nicht vergessen werden, dass auf Grund des finanziellen Drucks im Gesundheitswesen heute mehr Leistung mit weniger Personal erbracht werden muss, um eine Klinik auch weiterhin wirtschaftlich führen zu können. Daher gilt es, eine auf Innovationen fußende Unternehmensstrategie allen Mitarbeitern zu vermitteln, welche von der obersten Führungsebene vorgelebt durch alle Beschäftigten umgesetzt werden kann.

6 Modernes Medizinstudium

Um die gesellschaftlichen Veränderungen mit dem Berufsbild des Arztes überein zu bringen, erscheinen zahlreiche Anpassungsmaßnahmen bereits im Medizinstudium notwendig. Von Studierenden wird das Studium immer noch in großen Teilen als obsoleter Frontalunterricht wahrgenommen, der patientenfern, theoretisch überfrachtet und in scheinbar zusammenhangslose Fächer aufgesplittert ist. Das Abfragen von Wissen orientiert sich an Multiple-Choice-Fragenkatalogen, nicht jedoch dem in der Praxis vorgefundenen komplexen Gesamtbild des Patienten. Daneben werden die notwendigen kommunikativen Fähigkeiten des Arztes vernachlässigt, übergreifende Ansätze nicht vermittelt und Kostenbewusstsein ausgeblendet.

Diejenigen Studienabgänger, die sich für eine ärztliche Tätigkeit im Krankenhaus entscheiden, geraten in ein verwirrendes Berufsumfeld. Einerseits werden sie mit dem Idealbild des geduldigen, erfahrenen Arztes konfrontiert, andererseits wird ihr bisher hoher Status vielfach in Frage gestellt. Im Tagesgeschäft wird schließlich von Ihnen recht plötzlich eine Flexibilität verlangt, die noch im Studium nicht präsent war.

7 Interdisziplinarität

Unzweifelhaft sind Ärzte in Krankenhäusern zunehmend Teil eines Behandlungsteams geworden. Eine stärkere interdisziplinäre Behandlung steht heute im Vordergrund. Dies bedeutet aber auch, dass sich – unter prinzipieller Erhaltung des besonderen Charakters der Arzt-Patienten-Beziehung – die Entscheidung vom einzelnen Arzt auf ein Team verlagert. Eine teamorientierte Entscheidung in der Behandlung der Kranken schafft die Möglichkeit, therapeutische Prozesse stärker als bisher mit anderen Fach- und Berufsgruppen zu vernetzen. Dabei kann nicht vergessen werden, dass es für den modernen Arzt eine der großen

Herausforderungen ist, in komplexen Entscheidungsprozessen, die in einem Team durch Wertepluralismus und ferner durch ökonomische Begrenzungen geprägt sind, zunächst einen Konsens untereinander und dann auch mit dem Patienten zu finden.

Wenn das medizinisch Mögliche nicht zwingend das medizinisch Sinnvolle ist, muss bei der Entscheidung ferner auf ethische Kriterien zurückgegriffen und ein kritisches und begründbares Urteil erzeugt werden. Das gefundene Ergebnis ist in stärkerem Maße als früher zu kommunizieren und zu begründen. Ärzte sind heutzutage noch stärker in der Verpflichtung, sich mit ihren Patienten auszutauschen und die Behandlung und deren Grund zu vermitteln.

Ein Weg aus dieser Krise setzt somit bereits im Studium an. Neben der Lehre medizinischer Inhalte sind ferner kommunikative, betriebswirtschaftliche und fachdisziplinübergreifende Inhalte in angemessenem Maße zu vermitteln. Der moderne Arzt ist nicht nur kommunikationsstark sondern auch team- und kostenorientiert.

Die dargestellten zusätzlichen Elemente der ärztlichen Tätigkeit sind im Krankenhausalltag zu festigen und praktisch umzusetzen. Von wesentlicher Bedeutung ist dabei die Vorreiterrolle der dort Tätigen. Nur wenn die Gesamtstruktur des Klinikums die Teamorientierung und Interdisziplinarität vorlebt, kann der Einsteiger die Struktur verinnerlichen und als Teil des Ganzen mit umsetzen. Daneben sind es immer wieder die Leitfiguren, die eine entsprechende Umsetzung vereinfachen. Wer als Vorgesetzter nur schwerpunktorientiert denkt, kann von seinem nachgeordneten Personal keine fachübergreifende Komplexität erwarten.

8 Wirtschaftlichkeit

Im UKE wurden bereits vor Jahren Strukturen etabliert, die eine Vereinbarkeit von höchster medizinischer Qualität und Wirtschaftlichkeit in der Patientenbetreuung erlauben. Das Führungspersonal des UKE wird bereits durch die vereinbarte Vergütungsstruktur am wirtschaftlichen Erfolg des Hauses beteiligt. Daneben wurden in allen Budgeteinheiten neben transparenten und monatlich berichteten Qualitäts- und Wirtschaftlichkeitsparametern, Management-Funktionen etabliert. Gemeinsam mit den Klinikleitungen sorgen diese dafür, dass neben einer qualitativ hochwertigen Patientenbetreuung auch ökonomisch mit den zur Verfügung gestellten Mitteln gearbeitet wird. Auf dieser Grundlage kann der Vorstand des UKE über jährliche Ziel- und Leistungsvereinbarungen mit den Zentren des UKE die Steuerung des Gesamtunternehmens umsetzen, attraktive Leistungen fördern und defizitäre Leistungsinhalte reduzieren. Der Erfolg dieses wirtschaftsorientierten Kurses des UKE zeigt sich nicht zuletzt an der positiven Leistungsentwicklung der vergangenen Jahre in denen der Umsatz nahezu verdoppelt wurde. Zusätzlich wurden Führungskräfteschulungsprogramme zusammengestellt sowie Führungsleitlinien für das UKE definiert. Auf deren Grundlage tragen die Führungskräfte des UKE transparent und klar die Unternehmensziele in alle Mitarbeiterebenen weiter.

9 Ausblick

Erfahrungen in öffentlich-rechtlich geprägten Häusern zeigen, dass es an den dargestellten notwendigen Gesamtstrukturkomponenten häufig fehlt. Übergreifendes Denken, teamorientiertes Arbeiten und Kostenbewusstsein sind allenfalls im Ansatz vorhanden. Es dominiert weiterhin das Gruppendenken und Distanz zwischen den Fachdisziplinen.

Es ist daher notwendig, in allen hierarchischen Ebenen entsprechende Strukturen zu etablieren und sodann umzusetzen. Dem lenkenden und leitenden Element der Klinikleitung kommt dabei besondere Bedeutung zu. Nur wenn die Struktur von oben nach unten gelebt wird, kann eine Vernetzung in allen Ebenen stattfinden.

Wandel erfordert neue Personalkultur

Karin M. Klossek

Abstract: Der hohe Bedarf an fachlich qualifizierten und persönlich herausragenden Mitarbeitern, sowie die wachsenden Anforderungen der Mitarbeiter an ihre Arbeitgeber lässt der Personalkultur eine immer wichtiger werdende Rolle zukommen.

Die Personalkultur unterscheidet in Zeiten zunehmender Standardisierung von Prozessabläufen das jeweilige Krankenhaus im Wettbewerb und macht es für potenzielle Mitarbeiter attraktiv.

Für bestehende Mitarbeiter ermöglicht die klare Ausrichtung an den Zielsetzung und Werten, sowie deren konsequente Umsetzung in allen Bereichen des Talent Managements einen erhebliche Produktionsfortschritt im Arbeitsalltag und die Sicherheit, dass Leistung und Entwicklung anerkannt und geschätzt werden.

Je komplexer die Aufgaben, desto wichtiger wird die Führung über die Vorgabe grundlegender Werte und Ziele und erfolgt damit über die Personalkultur.

1 Personalkultur ermöglicht entscheidende Vorteile

Jeden Tag verlässt der wichtigste und mobilste Teil des immateriellen Vermögens das Krankenhaus – die Mitarbeiter. Der Erfolg jedes Dienstleistungsunternehmens ist im Wesentlichen abhängig vom Engagement der einzelnen Mitarbeiter. Die richtigen Mitarbeiter für das Krankenhaus zu finden und zu begeistern, ihr Engagement langfristig zu erhalten und sie selbst nach ihrem Ausscheiden als wichtige Multiplikatoren für das Krankenhaus zu sichern, ist eine der elementarsten Aufgaben der Führung eines Krankenhauses.

Der hohe Bedarf an fachlich qualifizierten und persönlich herausragenden Mitarbeitern, sowie die wachsenden Anforderungen der Mitarbeiter an ihre Arbeitgeber lässt der Personalkultur eine immer wichtiger werdende Rolle zukommen.

Die Personalkultur unterscheidet in Zeiten zunehmender Standardisierung von Prozessabläufen das jeweilige Krankenhaus im Wettbewerb.

Gleichzeitig ermöglicht sie, das große Potential, das im Wissen und Willen der Mitarbeiter vorhanden ist, zu erschließen.

„Mit der optimalen Struktur erreiche ich 20 Prozent. Der Rest ist innere Einstellung, Siegeswille, das – Wir machen es!" beschreibt Sigmar Klose, Forschungsmanager, Boehringer Ingelheim die Bedeutung der Einstellung und Motivation der Mitarbeiter, sich für die Ziele des Unternehmens einzusetzen.[1]

Genau das ist die Aufgabe und das Ziel der Personalkultur, die bisweilen auch als Unternehmenskultur, Firmenkultur, Organisationskultur oder Corporate Culture bezeichnet wird.

Personalkultur ist die Grundgesamtheit gemeinsamer Wert- und Normenvorstellungen sowie geteilter Denk- und Verhaltensmuster, welche die Entscheidungen, Handlungen und Aktivitäten einer Organisation prägen.

1.1 Personalkultur spielt eine entscheidende Rolle unabhängig davon, an welcher Stufe der eigenen Karriereentwicklung ein Mitarbeiter steht.

Junge, engagierte Mitarbeiter am Anfang ihrer Berufslaufbahn suchen einen Arbeitgeber, der ihre persönliche Motivation und Einstellung anspricht, der ihnen gute Entwicklungsmöglichkeiten bietet und bei dem sie neben der eigentlichen Aufgabe einen Einklang mit ihren eigenen Wertvorstellungen vorfinden.

Gefördert wird diese hohe Erwartungshaltung an den Arbeitgeber durch die wichtigsten gesellschaftlichen Trends wie dem Wunsch nach Sinnhaftigkeit und Nachhaltigkeit, individueller Flexibilität und einer ausgeglichenen Work-Life-Balance, sowie einer seit Jahren zunehmenden Vertrauenskrise in die Institutionen der Gesellschaft und Unternehmen. Der Vertrauensverlust gegenüber Politik und Wirtschaft sowie deren wich-

---

1 Sprenger, Reinhard K. (1996): Das Prinzip Selbstverantwortung.

tigsten Repräsentanten ist seit den 90er Jahren kontinuierlich gewachsen und hat durch die Finanzkrise einen weiteren Schub erhalten.[2]

Zukünftige Mitarbeiter sind durch diese gesellschaftliche Prägung in stärkerem Maße an einer Übereinstimmung von Werten und Zielen bei ihrem zukünftigen Arbeitgeber interessiert, als die Generationen vor ihnen.

Erfahrene Mitarbeiter kennen die Schwierigkeiten, innerhalb einer Organisation neue Dinge zu initiieren und in die Praxis umzusetzen. Sie wissen, wie ermüdend, es sein kann, gegen Widerstände anzukämpfen, die nicht sachlicher Natur und Teil eines konstruktiven Dialogs sind, sondern aus mangelnder Bereitschaft zur Veränderung und Neuentwicklung rühren. Sie kennen die Unbeweglichkeit von Status-quo-Organisationen nur zu gut.

Leistungsorientierte, engagierte Mitarbeiter suchen daher nach einer Arbeitsumgebung, deren Personalkultur offen und interessiert an ihren Ideen und deren Weiterentwicklung ist. Sie erwarten einen Arbeitgeber, der nicht nur im Geschäftsbericht von Innovation und Entwicklung spricht, sondern sie tatsächlich auch fördert.

In Gesprächen mit potenziellen Arbeitgebern sind daher selbst unscheinbar klingende Formulierungen wie „Das Krankenhaus hat ein Problem" versus „Wir haben ein Problem" wichtige Indikatoren, die ein treffenderes Bild von der tatsächlichen gelebten Personalkultur zeichnen, als so manche Hochglanzbroschüre.

1.2 Personalkultur, Organisation und Strategie des Krankenhauses sind nicht zu trennen.

Personalkultur setzt eine Antwort auf die folgenden Fragen voraus:

- Wofür stehen wir?

- Wo wollen wir hin?

- Wie sehen unsere Prioritäten aus?

- Was sind unsere Leistungen?

- Wer sind unsere Kunden?

---

2 Bertelsmann Stiftung (2009): Vertrauen in Deutschland. Eine qualitative Wertestudie.

Die Klärung dieser grundsätzlichen Fragen bringt auf allen Arbeitsebenen einen enormen Produktionsfortschritt mit sich. Unzählige Energien im Arbeitsalltag können für Diskussionen, die letztlich zu keinem Ergebnis kommen können, eingespart und an anderer Stelle wesentlich sinnvoller eingesetzt werden.

Experten im Bereich der Personalkultur gehen von täglichen Produktionssteigerungen von ein bis zwei Stunden pro Mitarbeiter aus[3] sowie von einem geringeren Krankenstand[4] und sehen einen Zusammenhang zwischen einer guten Personalkultur und dem Gesundheitszustand der Mitarbeiter.

William Gore, Gründer von Goretex hat es wie folgt formuliert: „Produktivität resultiert aus Commitment, nicht aus Anweisungen."

Damit wird keineswegs eine hierarchielose Organisation empfohlen. Es besteht jedoch ein großer Unterschied zwischen einer disziplinierten Organisation und einer disziplinierenden Organisation.

Gerade im Krankenhaus sind klare Regeln und Prozesse essentiell und in vielen Situationen, in denen unter enormem Zeitdruck wichtige Entscheidungen getroffen werden müssen, lebensnotwendig. Umso größer ist jedoch die Gefahr, dass dieses adäquate Verhalten in medizinischen Ernstfällen pauschal auf die Art und Weise des Dialogs im Krankenhaus übertragen wird. Was im medizinischen Notfall wichtig ist, um Leben zu retten, erstickt in der Personalführung die Initiative und Motivation der Mitarbeiter zur Weiterentwicklung bereits im Kern.

1.3 Personalkultur muss in die gesamten Kernprozesse der Personalarbeit integriert sein, um die Vorteile auch tatsächlich realisieren zu können.

Gut geführte Krankenhäuser unterscheiden sich dadurch, dass sie die vorab genannten Antworten auf die entscheidenden Fragen der Strategie tatsächlich auch in die Praxis umgesetzt haben und in ihrer Personalkultur leben.

Dies beginnt bei der Rekrutierung von neuen Mitarbeitern für das Krankenhaus und endet keinesfalls mit der Verabschiedung eines Mitarbeiters.

---

3 Deal/Kennedy (1988): Corporate Cultures.
4 Fischer, Heinz (1990): Führung durch innovative Unternehmenskultur bei Hewlett Packard.

Den Personalprozessen kommt dabei eine ganz entscheidende Rolle zu. Hier entscheidet sich die Glaubwürdigkeit der Personalkultur. Der Gradmesser der Glaubwürdigkeit ist die Konsequenz.

Dr. Delos M. Cosgrove, Kardiologe und heute CEO der Cleveland Clinic, die mit Regelmäßigkeit als eine der besten Kliniken der USA ausgezeichnet wird, hat in den Rekrutierungskriterien der Cleveland Clinic durchgesetzt, dass Raucher nicht als neue Mitarbeiter eingestellt werden. Überzeugt davon, dass Rauchen in hohem Maße gesundheitsschädlich ist und ein mittels Disziplin vermeidbares gesundheitliches Risiko darstellt, werden potenzielle Mitarbeiter mit Hilfe eines Urintests auf Spuren von Nikotin getestet.

Walk the walk – eine konsequente Umsetzung einer Überzeugung, die eindeutig Stellung bezieht und auf diese Weise ein wichtiges Signal an potenzielle und bestehende Mitarbeiter der Cleveland Clinic sendet. Hier wird klar und eindeutig eine Erwartungshaltung kommuniziert.

Eine Haltung, die sicher nicht bei allen auf Zustimmung trifft. Aber genau darauf kommt es an.

1.4 Personalpolitik muss differenzieren, um wirksam zu sein.

Nur so gelingt es, genau die Mitarbeiter anzusprechen, deren Einstellung und Wertesystem mit den Zielen des Krankenhauses übereinstimmen.

Die Wirtschaftswissenschaftler der Universität Harvard sind der Meinung, dass Authentizität ein zunehmend wichtiger Erfolgsfaktor für Unternehmen ist. Die Bertelsmann Stiftung kommt aus anderer Perspektive zur gleichen Erkenntnis. Während Familienbetriebe und mittelständische Unternehmen sowie Stiftungen als positiv und vertrauensfördernd angesehen werden, stehen Multinationale Konzerne und andere große Organisationen sehr negativer Kritik gegenüber. Sie werden als nicht vertrauenswürdig eingestuft. Man wirft ihnen vor, sie agierten abgehoben in ihrer eigenen Welt und wären in der Hauptsache nur an Lobbyismus interessiert.

Darin spiegelt sich der Wunsch nach Authentizität, nach einem eigenständigen Charakter, der in vielen Familienunternehmen noch vorzufinden ist, die gewohnt und gefordert sind, Stellung zu beziehen.

Auch das Nicht-Vorhandensein einer Meinung sendet ein Signal. Ein Krankenhaus, das Patienten ermahnt, mit fettreduzierter Ernährung zukünftige Gesundheitsrisiken zu reduzieren, aber gleichzeitig in der

Kantine jeden Tag das Gegenteil anbietet, verpasst eine große Chance, authentisch zu handeln.

1.5 Talent Management

Der Bereich, an dem sich für jeden Mitarbeiter die Ernsthaftigkeit der Personalkultur eindeutig ablesen lässt und der damit zu den wichtigsten Umsetzungsfeldern gehört, ist der gesamte Bereich der Personalentwicklung, Personalförderung, Zielvereinbarung und Gehaltsfindung, gerne auch unter dem Begriff Talent Management zusammengefasst.

Die Ziele, die das Krankenhaus verfolgt und die Werte, für die es steht, müssen im gesamten Talent Management verankert werden, damit die Erfolge der Personalkultur realisiert werden können.

Gehalt und Weiterentwicklung im Krankenhaus stellen die härteste Währung der Personalkultur dar, die, zumindest im Bereich der Weiterentwicklung und Beförderung, für jeden Mitarbeiter transparent sind.

Werden die Mitarbeiter, die kritisch-konstruktiv zu den Zielen des Krankenhauses beitragen befördert oder sind angepasste Ja-Sager in der Karriereentwicklung erfolgreich, die keine Energie auf die Förderung ihrer eigenen Mitarbeiter verwenden, in der Kommunikation sich nur gegenüber höheren Hierarchiestufen Mühe geben und ansonsten ihren Aufgabenbereich wie einen Kleinstaat ansehen und entsprechend agieren?

Die Notwendigkeit durchgängiger Prozesse kann nicht stark genug betont werden. Letztlich ist in einem Dienstleistungsunternehmen wie einem Krankenhaus alles vom jeweiligen Mitarbeiter abhängig. Eine konsequente Personalpolitik, ausgerichtet an den Zielen und Werten des Krankenhauses hat immense Wirkung auf alle Bereiche: die Patienten, die Partner des Krankenhauses sowie sämtliche Leistungskennzahlen des Krankenhauses.

2 Vorurteile und die harten Zahlen der Realität

Personalkultur erlebte als Thema in den 90er Jahren eine große Popularität. Universitäten und Unternehmen beschäftigten sich intensiv mit dem Thema Unternehmenskultur.

Unzählige Mannjahre wurden in Workshops zur Entwicklung von Leitbildern verbracht, die am Ende des Prozesses den kleinsten gemeinsamen Nenner aller am Prozess beteiligter Personen und Funktionen darstellten. In der Folge waren die Leitbilder der meisten Krankenhäuser nahezu austauschbar. In den meisten Fällen blieb es bei der Formulierung und Kommunikation der Leitbilder. Das führte dazu, dass das Thema Personalkultur lange Zeit als eher esoterisches Thema angesehen wurde. Nice to have, aber nicht zwingend notwendig.

Erst die jüngste Aufmerksamkeit für das Thema Marke, das letztlich nichts anderes bedeutet, als zu markieren, eine gewisse Position beziehen und sich damit gegen den Wettbewerb abzugrenzen, hat eine Renaissance des Themas Personalkultur mit sich gebracht.

Zumindest bei den Krankenhäusern, die Marke nicht nur als äußere Merkmale wie Logo, Markenauftritt und Corporate Design betrachten, sondern die erkannt haben, dass in einer konsequenten Ausrichtung des Gesamtunternehmens auf die Ziele und Strategie des Krankenhauses das tatsächliche Potential liegt.

Diese Krankenhäuser sehen die Marke nicht nur als Äußerlichkeit sondern erreichen die gewünschten Ziele durch ein konsequentes Prozessmanagement, in dem sie die Markenwerte und damit die Ziele und Werte des Krankenhauses in allen Bereichen des Krankenhausalltages integrieren.

2.1 Personalkosten, der größte Kostentreiber im Krankenhaus

Eine Studie der Wirtschaftsprüfungsgesellschaft BDO klassifiziert die Personalkosten mit einem Anteil von 70 Prozent an den Gesamtkosten als größten Kostenblock. Bei 87 Prozent der befragten Krankenhäuser, unabhängig von der Trägerschaft, stellen die Personalkosten den größten Kostentreiber dar. Die Möglichkeiten von Kosteneinsparungen im Bereich der Personalkosten werden aus Sicht der befragten Krankenhäuser überwiegend im Bereich der Ablaufoptimierung gesehen.[5]

Eine kontinuierliche Optimierung sämtlicher Abläufe in einem Unternehmen stellt zweifelsohne einen wichtigen Erfolgsfaktor jedes Unternehmens dar. Kontinuierliche Veränderungen stehen jedoch im Gegensatz zur menschlichen Natur, die in hohem Maße Konstanz anstrebt.

Damit Veränderungen nach den typischen Phasen des euphorischen Starts, der Umsetzung und den beginnenden Detailproblemen die bisweilen zu Frustration und Versandung führen, tatsächlich eine Verbesserung auf höherem Niveau erreichen, ist eine entsprechende Personalkultur im Unternehmen Voraussetzung.

---

5 BDO Deutsche Warentreuhand AG (2009): Krankenhaus 2020 – Zwischen Personalnotstand und Finanzierungslücke.

Notwendig ist eine Personalkultur, die Veränderungen als positiv bewertet und bei den Einstellungen der Mitarbeiter im Schwerpunkt nach der Offenheit für Veränderungen selektiert.

Optimale Strukturen und Prozesse stoßen jedoch an ihre Grenzen, wenn die Menschen, die in diesen Strukturen arbeiten, nicht das volle Potential ihrer Ideen und Möglichkeiten einbringen.

B&Q, mit einem Umsatz von 3,9 Milliarden englischen Pfund das größte Heimwerkermarkt-Unternehmen Europas und weltweit an dritter Stelle, sieht einen direkten Zusammenhang zwischen engagierten Mitarbeiter und der Markenloyalität der Kunden sowie den daraus resultierenden Umsätzen in den B&Q Heimwerkermärkten.

2.2 Der Wert eines engagierten Mitarbeiters

B&Q geht davon aus, dass ein engagierter Mitarbeiter für das Unternehmen viermal so viel Wert repräsentiert wie ein nichtmotivierter Mitarbeiter, der innerlich bereits gekündigt hat.

Das nahm man zum Anlass, die Personalkultur des Unternehmens konsequent an den Zielen und Werten der Kundenorientierung auszurichten und misst dies in der Leistungsbeurteilung der Heimwerkermärkte. Innerhalb von drei Jahren gelang es B&Q, die Anzahl der Mitarbeiter, die nur eine geringe Bindung zum Unternehmen hatten oder innerlich bereits gekündigt hatten, massiv zu reduzieren.

Ein Blick auf die Gehaltssummen lässt harte Fakten sprechen.

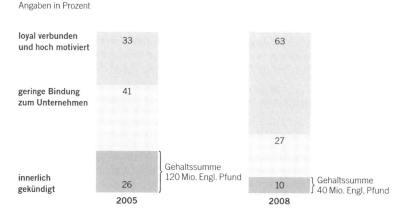

Abb. 1: Gehaltssummen, die von B&Q in innerlich bereits gekündigte Mitarbeiter investiert, im Dreijahresvergleich
Quelle: B&Q Employee Engagement to Drive Brand Advocacy, 2009

Vergleicht man die Zahlen der einzelnen Ländern im Hinblick auf die Anzahl der Mitarbeiter, die angeben, nur eine geringe Bindung zum Unternehmen zu besitzen, oder innerlich bereits gekündigt zu haben, ergibt sich auch für den deutschen Markt ein erhebliches Potential.

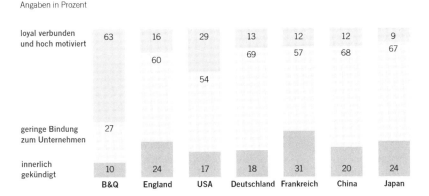

Abb. 2: *Bindung der Mitarbeiter an das Unternehmen im internationalen Vergleich*
Quelle: B&Q Employee Engagement to Drive Brand Advocacy, 2009

Personalkultur hat damit nicht nur im Hinblick auf die Rekrutierung neuer Mitarbeiter eine erhebliche Bedeutung. In Zeiten, in denen qualifiziertes und engagiertes Personal knapp ist, bedeutet für jedes Krankenhaus der Verlust eines guten Mitarbeiters erhebliche Kosten. Kosten, die durch die Suche, den Rekrutierungs- und Einarbeitungsprozess sowie den Verlust an Fachwissen und internem Organisationswissen entstehen.

3 Personalkultur endet nicht am letzten Arbeitstag

Reden, ein Blumenstrauß, ein paar Canapés und ein letztes Gespräch mit den Kollegen – so endet für viele langjährige Mitarbeiter im Krankenhaus das Arbeitsleben. Mit diesem Moment wird der Fluss der Unternehmensinformationen plötzlich zu einem Rinnsal. Zum Monatsultimo wird der interne Verteiler angepasst und das Leben geht weiter.

Gute Personalkultur endet jedoch nicht am letzten Arbeitstag. Genau in diesem Alter werden beispielsweise langjährige Mitarbeiter, die in den Ruhestand verabschiedet werden zu den wichtigsten Multiplikatoren für ein Krankenhaus. Sie besitzen ab diesem Moment sehr viel mehr Zeit, sich mit aktuellen Informationen des Krankenhauses auseinanderzusetzen und bewegen sich in ihrer Altersgruppe in einem Segment, das rein statisch in signifikant höherem Maße Gesundheitsdienstleistungen in Anspruch nimmt. Eigentlich eine Selbstverständlichkeit, die jedoch von vielen Krankenhäusern nicht beachtet wird.

Durchschnittliches Lebensalter

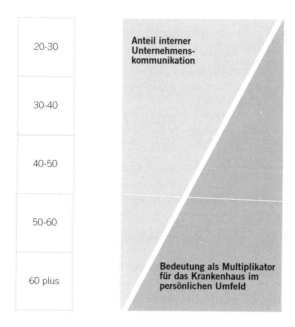

20-30	**Anteil interner Unternehmenskommunikation**
30-40	
40-50	
50-60	
60 plus	**Bedeutung als Multiplikator für das Krankenhaus im persönlichen Umfeld**

Abb. 3: Die Information stoppt in dem Moment, in dem sie die meisten Früchte tragen könnte
Quelle: Building Brands, 2010

Die Kosten, die für eine aktive Einbindung ehemaliger Mitarbeiter in Zeiten elektronischer Kommunikation und selbst bei klassischen Papier-Informationsmedien entstehen, sind vergleichsweise gering im Vergleich zu dem Effekt, den das Krankenhaus damit erzielt.

Gerade Unternehmen mit einer sehr starken Personalkultur wissen um die wichtige Loyalität ehemaliger Mitarbeiter zum früheren Arbeitgeber und pflegen die Kontakte mit hoher Intensität und Erfolg.

3.1 Gesten und Symbole sind enorm wichtig

Zahlreiche Untersuchungen zeigen, dass rein monetäre Anreize nur eine kurzfristige Wirkung haben. Gesten und Symbole, soweit sie nicht oberflächlich und aufgesetzt sind, haben einen längerfristigen Erinnerungswert und eine starke anekdotische Kraft. Kein Flurfunk eines Krankenhauses beschäftigt sich mit Power-Point Präsentationen oder Ertragsrechnungen. Mit akribischer Genauigkeit wird jedoch das Verhalten bei außergewöhnlichen Ereignissen im Krankenhaus analysiert, diskutiert und im kollektiven Gedächtnis abgespeichert. Letztlich leitet jeder Mitarbeiter aus diesen Gesten eine Art Barometer ab, wie der eigene Einsatz geschätzt wird und welche Werte im Unternehmen für wichtig erachtet werden.

Eine breit angelegte tiefenpsychologische Studie zum Thema Werte, die sich mit der Frage beschäftigte, welche Werte den Menschen in der heutigen Zeit ganz besonders wichtig sind, kommt zu dem Schluss, dass es letztlich der Respekt ist, der Menschen wirklich wichtig ist. „Ohne genau zu wissen, warum sie das tun, bewerten Menschen nicht nur Menschen sondern auch Produkte oder Marken danach, ob sich hier ein genereller Respekt vor dem Leben findet."[6]

Die Entscheidung über den Verbleib eines Archivs wissenschaftlicher psychotherapeutischer Studien, die von den ehemaligen Koryphäen eines Krankenhauses angelegt und für die damalige Zeit bahnbrechend war, ist keineswegs nur eine betriebswirtschaftliche Rechnung. Sehr genau wird von den Mitarbeitern beobachtet und registriert, wie mit seinerzeit herausragenden Leistungen umgegangen wird und welche Wertschätzung sie erfahren.

Personalkultur setzt sich als Muster in allen Beziehungsgeflechten eines Unternehmens fort. So wie die Mitarbeiter eines Krankenhauses aufmerksam wahrnehmen, wie mit der Leistung ehemaliger Kollegen umgegangen wird, so beobachten Besucher eines Krankenhauses mit sehr hoher Sensitivität, wie die Mitarbeiter eines Krankenhauses mit älteren Menschen umgehen. Erlebnisse dieser Art sind in hohem Maße prägend für Einstellungen und Präferenzen zum Krankenhaus.[7]

---

6 Institut Rheingold (2009): Was ist wirklich wichtig. Was berührt Menschen heute besonders. Was sind kulturelle Valenzen?
7 Jaeger, Hartwig (2007): Krankenhaus ohne Angst. Befürchtungen, Bedürfnisse und Wünsche von (zukünftigen) Patienten, Angehörigen und Besuchern.

4   Gebäude als Teil der Personalkultur

Moderne Krankenhausgebäude entstehen in allen Teilen des Landes und werden stolz vom jeweiligen Träger als Krankenhaus der Zukunft präsentiert. Die Investitionen in Um- und Neubauten sind enorm. Im Ergebnis gleichen sich viele der Neubauten in hohem Maße und repräsentieren den jeweiligen Zeitgeist der Architektur, vergeben jedoch die enorme Chance, einen individuellen Ausdruck für das Krankenhaus zu finden.

Nur wenige Krankenhäuser nutzen bislang das enorme Potential der Gebäudearchitektur und der Architektur des Raumes, den Charakter und die Werte des Krankenhauses auszudrücken. Dabei erleben Mitarbeiten den Raum des Krankenhauses nahezu täglich. Partner und Multiplikatoren werden bei ihren Besuchen vor Ort von der Architektur im Raum geprägt und spiegeln diese Erlebnisse an die Mitarbeiter.

Damit hat das Gebäude und die Architektur im Raum eine enorme Wirkungskraft, die von keinem anderen Medium erreicht wird.

Auch hier liegt die Bedeutung in der Differenzierung. Nur wenige würden auf die Idee kommen, in die einstmals vom Strukturwandel enorm getroffene baskische Stadt Bilbao zu reisen, wenn das dortige Museum ein austauschbarer Museumsbau wäre.

Das BMW-Hochhaus in München, einem Vierzylinder nachempfunden wurde zur Ikone und hat über viele Jahre dazu beigetragen, die Personalkultur für Mitarbeiter und Besucher erlebbar zu machen. Das BMW-Werk in Leipzig verfolgt genau das gleiche Ziel. Rohkarosserien und lackierte Karosserien werden für alle Mitarbeiter und Besucher sichtbar quer durch das Zentralgebäude befördert und schaffen damit ein ständiges Bewusstsein für die Produktion. Ziel der Architektur ist es, Transparenz zu schaffen, Kommunikation zu fördern und die enge Verzahnung sämtlicher Funktionen des Unternehmens BMW deutlich werden zu lassen.

Gebäude bieten ein hohes Potential, Personalkultur erlebbar werden zu lassen. Kein potenzieller Mitarbeiter überhört die subtilen Signale, die von einem individuellen Gebäude und einer wertorientierten Architektur im Raum ausgehen. Jeder Mitarbeiter orientiert sich an der Disziplin, die als Maßstab an die Architektur und die Architektur im Raum angelegt werden und interpretiert sie als Erwartungshaltung an die Qualität seiner eigenen Arbeit. Die Gestaltung von Mitarbeiterräumen, öffentlichen Räumen und Patientenzimmern geben tagtäglich ein sprechendes Zeichen der Personalkultur des jeweiligen Krankenhauses.

5   Personalkultur ist Chefsache

Je komplexer die Aufgaben, desto stärker muss die Führung über die Vorgabe grundlegender Werte und Ziele erfolgen. Vornehmste Aufgabe der Leitung eines Krankenhauses ist es daher, die Mitarbeiter in die Lage zu versetzen, als Gruppe Leistungen zu erbringen, in dem man ihnen gemeinsame Ziele und Werte, die richtige Organisationsstruktur sowie kontinuierliche Lern- und Entwicklungsmöglichkeiten gibt.

Aufgrund der engen Verbindung von Strategie, Organisation und Personalkultur ist die Verantwortung auf der obersten Führungsebene angesiedelt. Wirksam werden kann Personalkultur nur dann, wenn sie sich als Muster in allen Bereichen und Funktionen des Krankenhauses fortsetzt, wie vorab zum Thema Talent Management ausgeführt.

Wie in allen hierarchischen Organisationen sind dabei Signale und Gesten wichtig. Mitarbeiter sind Kunden der Führung, ihre Nachfragemacht ist ihr Engagement und ihre Loyalität. Honoriert wird dabei in hohem Maße Glaubwürdigkeit und Authentizität.

Personalkultur wird vorgelebt und an ihrer konsequenten Umsetzung gemessen.

Eine individuelle Personalkultur bietet die besten Voraussetzungen für das Krankenhaus der Zukunft, die fähigsten Mitarbeiter zu rekrutieren und erfolgreich an das Krankenhaus zu binden.

Kompetente Führungskräfte – rar und gefragt

Dr. Peter Windeck

Abstract: Ein Krankenhaus, das im heutigen Wettbewerb bestehen will, muss wie ein Wirtschaftsunternehmen geführt werden. Grundlage dafür sind die richtigen Menschen an den richtigen Positionen. Dies gilt sowohl für die medizinischen als auch für die kaufmännischen Führungskräfte. Die Anforderungen an beide Gruppen haben sich dabei stark gewandelt. Da das fehlende Wissen jeweils nicht ohne weiteres von außen geholt werden kann, müssen Krankenhäuser ihre interne Personalentwicklung ausbauen und sich verstärkt als ein attraktiver Arbeitgeber positionieren.

1 Ausgangssituation

In wohl keinem gesellschaftlichen Bereich werden die Auswirkungen des demografischen Wandels schon jetzt so deutlich wie im Gesundheitssektor – und zwar gleich auf zwei unterschiedlichen Ebenen. Denn während einerseits die steigende Lebenserwartung der Menschen die Nachfrage nach medizinischen und pflegerischen Leistungen förmlich explodieren lässt, ist andererseits das medizinische Personal mittlerweile zu einer echten Mangelware geworden.

Wie andere Wirtschaftszweige auch ist der Gesundheitsbereich dabei von dem fast schon „klassischen" Fach- und Führungskräftemangel betroffen. Denn auch bei den medizinischen Berufen stehen sinkende Absolventenzahlen einer gleichzeitigen Pensionierungswelle gegenüber. Doch damit nicht genug. Haben die frisch ausgebildeten Ärzte heute doch zahlreiche attraktive Alternativen zum stressigen Klinikalltag. Forschung, Industrie, Beratungsunternehmen sowie selbst Finanzdienstleister buhlen zunehmend um die besten Mediziner. Dass viele derjenigen Ärzte, die diesen Verlockungen widerstehen, sich dann aber für ein

Krankenhaus im Ausland als Arbeitgeber entscheiden, verschärft die Situation in Deutschland zusätzlich. Kurzum: Die hiesigen Krankenhäuser befinden sich in einem immer härteren, teilweise existenziellen Wettbewerb um gutes Personal.

Wie essentiell die Gewinnung der – im Idealfall – besten Köpfe für die Gesundheitswirtschaft ist, wird nicht zuletzt daran deutlich, dass Ärzte und Pflegekräfte rund zwei Drittel der Wertschöpfung in einem Krankenhaus erbringen. Gleichzeitig sind aber auch rund 60 Prozent der Kosten einer Klinik Personalkosten. An diesem Verhältnis wird sich trotz aller im Folgenden vorgestellten Verbesserungen und Innovationen im Personalmanagement und der Personalentwicklung eines Krankenhauses nur wenig ändern. Neben der Rekrutierung von genügend und vor allem mehr als genügend qualifiziertem Fach- und Führungspersonal sollte es daher generell das Ziel eines Krankenhauses sein, die dort bereits beschäftigten Menschen effizienter und effektiver sprich also wertschöpfender als bisher einzusetzen.

An Begriffen wie Effizienz und Wertschöpfung wird dabei schnell klar, dass insbesondere für die Führungskräfte mit dem Wechsel von der Kameralistik zur kaufmännischen Steuerung und dem Wandel des Krankenhauses zu einem sozialen Dienstleistungsunternehmen neue Zeiten im medizinischen Betrieb angebrochen sind. Die damit verbundenen Änderungen in den Anforderungsprofilen sowohl für medizinische Führungskräfte (siehe Abschnitt II) als auch für nicht-ärztliche Klinikmanager (siehe Abschnitt III) sind dabei immens. Vorweg sei an dieser Stelle bereits kurz auf die künftig verstärkt geforderten sozialen und kommunikativen Fähigkeiten hingewiesen, die über reine betriebswirtschaftliche Kenntnisse deutlich hinausgehen, aber zur Führung eines Krankenhauses moderner Prägung unverzichtbar sind.

Die qualitative und quantitative Lücke bei den Ärzten und in der Pflege sowie die bis jetzt „nur" qualitative Lücke in den Verwaltungsbereichen zu schließen, ist somit die Schlüsselherausforderung für die Krankenhäuser der Zukunft. Ein bisschen „Werbung" für sich zu machen oder mit höheren Gehältern zu locken, wird dabei schon mittelfristig nicht mehr ausreichen. Gefordert ist vielmehr ein systematischer, mehrdimensionaler Ansatz, um sowohl für medizinische als auch nicht-medizinische Führungskräfte nachhaltig ein attraktiver Arbeitgeber zu werden. Der erste Schritt dorthin ist, sich darüber klar zu werden, welche fachlichen und persönlichen Fähigkeiten die künftigen Führungskräfte eines Krankenhauses besitzen sollten.

2 Medizinische Führungskräfte

2.1 Neue Berufsfelder für medizinische Führungskräfte

Neben den klassischen Rollen medizinischer Führungskräfte, wie sie derzeit in der Regel von Chef- und Oberärzten in den Krankenhäusern wahrgenommen werden, sind zunehmend neue ärztliche Berufsfelder in den Kliniken (siehe auch Abb. 1) entstanden. Hinzu kommen zunehmende Management- und Führungsaufgaben für Oberärzte oder auch Bereichsleitungen in der Pflege.

Ärztlicher Bereich:	Pflegebereich:	Kaufmännischer Bereich:
• Med. Geschäftsführer	• Geschäftsführung Patienten-Service	• Kfm. Zentrumsleitung
• Hauptamtl. Ärztlicher Direktor	• Case Manager	• Leiter Marketing
• Medizin-Controller	• Leiter Pflegecontrolling	• Leiter Events
• OP-Manager	• Leiter Versorgungsprozesse	• Leiter Strategieentwicklung
• DRG-Beauftragter	• Leiter Qualitätsmanagement	• Leiter Business Development
• Leiter Medizinstrategie		

Abb. 1: Neue Berufsfelder im Krankenhaus
Quelle: Rochus Mummert Healthcare Consulting

So schaffen etwa immer mehr insbesondere größere Häuser oder Klinikgruppen die Position eines medizinischen Geschäftsführers oder hauptamtlichen ärztlichen Direktors. Dieser arbeitet in enger Abstimmung mit dem kaufmännischen Geschäftsführer zusammen und sorgt unter anderem dafür, dass Aufbauorganisation und Prozesse des Krankenhauses zu den wirtschaftlichen und gesundheitspolitischen Rahmenbedingungen passen. Auch die Öffentlichkeitsarbeit und die Kommunikation mit öffentlichen Institutionen und Mitarbeitervertretern gehören oft zu seinem Aufgabengebiet. Vor diesem Hintergrund verwundert es nicht, dass Krankenhäuser von potenziellen Kandidaten neben hervorragender medizinischer Expertise zunehmend auch eine kaufmännische Zusatzausbildung – zum Beispiel einen MBA – verlangen.

Auch von einem Medizin-Controller wird neben mehrjähriger praktischer Erfahrung im Krankenhausbereich eine betriebswirtschaftliche Zusatzausbildung erwartet. Während die Schwerpunkte für den Medizin-

Controller in den Bereichen Informatik, Prozessmanagement, Kostenrechnung, Investitionsplanung und eventuell auch Risikomanagement liegen, wird beim Berufsfeld OP-Management auch verstärkt auf Fähigkeiten in der Personalführung und in der interdisziplinären Zusammenarbeit gesetzt, um die besonders teure Ressource OP im Klinikbetrieb optimal zu nutzen. Eine weitere neue ärztliche Führungsposition ist darüber hinaus der Leiter Medizinstrategie, der sich mit der Entwicklung und Planung des Leistungsportfolios einer Klinik und der Entwicklung neuer Geschäftsfelder auseinandersetzt.

Ebenfalls zu den neuen medizinischen Führungspositionen gehören die vergleichbaren Stellen im Pflegebereich wie etwa ein eigener Vorstand Pflege, ein Bereichsleiter Pflege (mit Budgetverantwortung), ein Leiter des Pflegecontrollings oder ein gesonderter Leiter des Qualitätsmanagements im Pflegebereich. Besonders wichtig für die Zusammenarbeit der verschiedenen Gruppen ist die neue Funktion des Case Managers, dessen Aufgabe im Idealfall die logistische Steuerung der Behandlung im stationären, aber auch im prä- und poststationären Sektor umfasst.

2.2 Das Anforderungsprofil für medizinische Führungskräfte

Die Aufgabenschwerpunkte der medizinischen Führungskräfte haben sich also in den vergangenen Jahren von der reinen ärztlichen Leitung hin zur Managementverantwortung verschoben. Dies gilt übrigens nicht nur für die zuvor skizzierten neuen Berufsfelder im Krankenhaus, sondern auch für die „normalen" Chef- und Oberärzte, die sich im Gegensatz zu ihrem früheren Selbstverständnis neben ihren ärztlichen Aufgaben nun zusätzlich auch um die Themen Management, Kommunikation, Marketing und Führung kümmern müssen.

2.2.1 Ärztliche Aufgaben

Zu den klassischen Aufgaben einer medizinischen Führungskraft gehört an erster Stelle nach wie vor die Sicherung eines hohen Qualitätsniveaus der ärztlichen Leistungen mittels der eigenen fachlichen Expertise. Zu den ärztlichen Aufgaben gehört es aber auch, das Leistungsspektrum des Krankenhauses unter strategischen Gesichtspunkten auszubauen. Generell nehmen hierbei die Anforderungen an die persönliche Leistungserbringung zu. Daher müssen die persönlichen Leistungsschwerpunkte mit der künftigen Ausrichtung der Klinik nahezu deckungsgleich sein.

2.2.2 Management

Die wichtigste Managementaufgabe einer medizinischen Führungskraft ist die Sicherung zuvor definierter Qualitätsniveaus und zwar innerhalb des ebenfalls zuvor definierten Budgetrahmens der zu leitenden Abteilung. Hierbei sind zunehmend prozessorientiertes Denken und der Einsatz von modernen Managementmethoden gefordert. Eine wesentliche Rolle spielt hierbei der Begriff der Standardisierung. Weiterhin gilt es, die interdisziplinäre Zusammenarbeit zu verstärken sowie die Vernetzung innerhalb und außerhalb des Krankenhauses voranzutreiben.

2.2.3 Führung

Um die Leistungsfähigkeit eines Krankenhauses zu sichern, gehören auch die Rekrutierung von qualifizierten Ärzten sowie die Bindung qualifizierter Leistungsträger an die Klinik zu den Führungsaufgaben eines Chefarztes oder medizinischen Geschäftsführers (siehe auch Abb. 2). Darüber hinaus muss er die qualifizierte Weiterbildung seines Ärzteteams sowie den Facharztstandard sichern. Dies erfolgt etwa durch die Kontrolle und Weiterbildung der Assistenzärzte beispielsweise im Rahmen der Chefvisite. Um hier erfolgreich zu sein, ist nicht hierarchisches, sondern kooperatives und situations-adäquates Führungsverhalten zwingend notwendig.

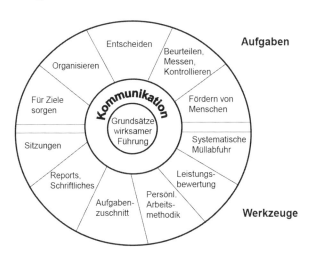

Abb. 2: Führungsaufgaben und -werkzeuge eines Chefarztes/med. Geschäftsführers
Quelle: Rochus Mummert Healthcare Consulting

2.2.4 Kommunikation

Bei den kommunikativen Aufgaben medizinischer Führungskräfte wird zwischen interner und externer Kommunikation unterschieden. Innerhalb der Klinik muss vor allem Transparenz über die Ziele und Anforderungen geschaffen werden. Dabei ist nicht nur der ärztliche Kollegenkreis zu adressieren, sondern auch andere interne Leistungsbringer, beispielsweise aus dem Service- oder Verwaltungsbereich des Krankenhauses.

Nach außen gehört die intensive Vermarktung des Leistungsspektrums der Klinik zu den vordringlichsten Aufgaben der leitenden Mediziner. Sie sind das Gesicht des Krankenhauses, und zwar für alle relevanten externen Kundengruppen.

2.3 Soll-Ist-Vergleich

Wie die in den neuen Berufsfeldern und Anforderungsprofilen geforderten „Doppelausbildungen" (medizinische und betriebswirtschaftliche Qualifikation) nicht anders erwarten lassen, sind derart qualifizierte Spezialisten ein sehr umworbener Personenkreis. So finden sich eben unter den derzeitigen Oberärzten zu wenige Mediziner, die mit ihrem aktuellen Ausbildungsstand für die Position eines unternehmerisch und ertragsorientiert denkenden Chefarztes infrage kommen. Da sich gleichzeitig immer mehr Absolventen dafür entscheiden, in nicht-klinische Berufsfelder zu gehen, gibt es auf der Ebene der Assistenzärzte und Fachärzte einen dramatischen und sich weiter verschärfenden Ärztemangel, dem es systematisch und nachhaltig zu begegnen gilt (siehe Abschnitt IV).

3 Nicht-medizinische Führungskräfte

3.1 Veränderte Rahmenbedingungen für Krankenhausmanager

Hatten gerade die in öffentlicher oder kirchlicher Trägerschaft befindliche Krankenhäuser über viele Jahre eher den Charakter einer „Verwaltung", haben auch diese Kliniken schon seit längeren Jahren immer mehr die Strukturen und Prozesse von Wirtschaftsbetrieben angenommen. Die Gründe dafür sind in den sowohl innerhalb als auch außerhalb der Klinik liegenden neuen Rahmenbedingungen zu finden.

Zu den veränderten äußeren Rahmenbedingungen zählen neben den Folgen des steigenden medizinischen Bedarfs zuerst ein deutlich höherer Kostendruck sowie ein massiver Rationalisierungsbedarf. Hinzu kommen gestiegene Qualitäts- und Transparenzerwartungen – und zwar nicht zuletzt von Seiten der Patienten. Die damit verbundene stärkere Kundenorientierung ist sicherlich eines der wichtigsten Elemente bei der Wandlung der Kliniken zu wettbewerbsorientierten Dienstleistungsunternehmen. Um in diesem Wettbewerb zu bestehen, sind Investitionen in neue Angebote und Einrichtungen zwingend. Diese – auch mit neuen Modellen – zu finanzieren, gehört sicherlich mit zu den größten Herausforderungen eines Krankenhausmanagers neuen Typs.

Neben den veränderten externen Einflüssen werden auch die inneren Rahmenbedingungen zunehmend komplexer. So nimmt die reine dienstartenspezifische Leistungserbringung innerhalb starrer Abteilungsgrenzen ab. Gefragt sind hingegen abteilungs- und berufsgruppenübergreifende Prozesse, die einen steigenden Bedarf an professionellen Steuerungsinstrumenten induzieren. Und selbstverständlich haben die skizzierten neuen Berufsfelder (Abschnitt II) im medizinischen Bereich auch Auswirkungen auf das kaufmännische Führungspersonal. Der Abstimmungsbedarf zwischen den medizinischen und kaufmännischen Führungskräften einer Klinik nimmt vor dem Hintergrund der neuen Aufgaben und einer in Teilen auch neuen Aufgabenverteilung weiter zu. Dass es auch im kaufmännischen Bereich neben dem generellen Klinikmanager zunehmend neue Führungspositionen wie beispielsweise eigenständige Leiter für Marketing oder Strategieentwicklung gibt, erhöht die Komplexität zusätzlich.

3.2 Das Anforderungsprofil für nicht-medizinische Führungskräfte

Die verschobenen Schwerpunkte in der täglichen Arbeit eines Klinikmanagers auf Grund der oben geschilderten neuen Rahmenbedingungen haben auch das Anforderungsprofil an nicht-medizinische Führungskräfte verändert. Denn wer künftig neue Leistungen im Markt etablieren, die interne Organisation der Klinik weiterentwickeln und Innovationen finanzieren möchte, sollte auch über die entsprechenden fachlichen, persönlichen, sozialen und Führungskompetenzen verfügen (siehe auch Abb. 3).

3.2.1 Fachliche und funktionale Kompetenz

Auch eine nicht-medizinische Führungskraft muss über eine umfassende Branchenkenntnis in der Gesundheitswirtschaft verfügen. Zusätzlich sind eine für die Bewältigung der zuvor beschriebenen Aufgaben notwendige Methodenkompetenz sowie die entsprechenden konzeptionellen Fähigkeiten zwingend erforderlich. Neben einer ausgeprägten Analysefähigkeit und einer generellen Markt- und Kundenorientierung sollte ein Klinikmanager auch über erhebliches Verhandlungsgeschick verfügen.

3.2.2 Führungskompetenz

Wer ein Krankenhaus als – zumeist mittelständisches – Wirtschaftsunternehmen führen möchte, sollte ausgeprägtes unternehmerisches Denken und Handeln besitzen. Dazu gehört auch eine gute Portion Entscheidungsfreude, die aber immer ergebnisorientiert und am nachhaltigen Erfolg der Klinik ausgerichtet sein sollte. Um notwendige Veränderung nicht nur erkennen, sondern auch umsetzen zu können, ist die Fähigkeit, andere für die eigenen Ideen zu begeistern, darüber hinaus mehr als nur hilfreich.

3.2.3 Soziale Kompetenz

Da sich nicht alle Situationen allein mit Begeisterungsfähigkeit lösen lassen, sollten auch soziale Kompetenzen wie Empathie, Überzeugungskraft, Durchsetzungsvermögen sowie Kooperations- und Integrationsfähigkeit zum Kompetenzportfolio eines Klinikmanagers gehören. Abgerundet wird die soziale Handlungskompetenz dann durch starke kommunikative Fähigkeiten und, last but not least, eine ausgeprägte Kritikfähigkeit.

3.2.4 Persönliche Kompetenz

Um diesem komplexen Anforderungsprofil im Klinikalltag auch standhalten zu können, sind bestimmte persönliche Kompetenzen notwendig. Zu den wichtigsten gehören sicherlich Leistungsbereitschaft, Risikobereitschaft und Urteilsvermögen. Zusätzlich muss ein Klinikmanager neuer Prägung die Initiative ergreifen können und mit gesundem Selbstvertrauen ausgestattet sein. Die Fähigkeit zur Selbstkritik sowie eine hohe persönliche Glaubwürdigkeit und Integrität runden das Profil dann ab.

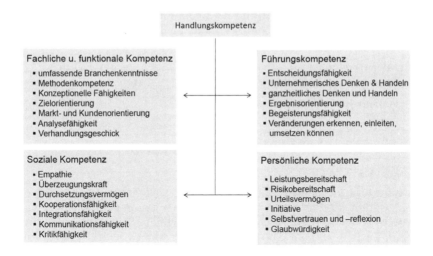

Abb. 3: Anforderungsprofil für Klinik-Geschäftsführer
Quelle: Rochus Mummert Healthcare Consulting

3.3 Soll–Ist–Vergleich

Der Krankenhausmarkt ist ein geschlossener Markt. Das heißt die Anzahl der Top-Spezialisten ist limitiert, da es nur in wenigen Ausnahmefällen zu Quereinsteigern aus anderen Branchen kommt. Dies hat natürlich Auswirkungen auf den Rekrutierungsprozess (Abschnitt IV) der kaufmännischen Führungskräfte. Dennoch besteht im Gegensatz zum medizinischen Führungspersonal auf absehbare Zeit kein quantitatives, sondern in erster Linie ein qualitatives Problem insbesondere auf den Ebenen unterhalb der Geschäftsführung, das es zu lösen gilt.

4 Das Krankenhaus als attraktiver Arbeitgeber

4.1 Die Handlungsfelder

Wenn ein Krankenhaus neue Kräfte an die Klinik holen und vielversprechende Talente sowie erfahrene Leistungsträger an das Haus binden will, muss die Attraktivität als Arbeitgeber nachhaltig gesteigert werden. Denn weder sporadische Anwerbekampagnen noch teure Einzelverpflichtungen sind geeignete Lösungen für eine nachhaltige Personalstrategie. Vielmehr geht es darum, das Image des Krankenhauses konkret und zielgenau zu verbessern und bei den Mitarbeitern eine emotionale Verbundenheit mit dem Haus zu erzeugen.

Um als Arbeitgeber an Attraktivität zu gewinnen, bieten sich dabei vier Handlungsfelder für entsprechende Maßnahmen an:

- Führung und Transparenz
- Motivation und Sinn
- Mitarbeiterentwicklung und berufliche Perspektive
- Work-Life-Balance.

Gerade was die beiden letzteren Handlungsfelder betrifft, müssen die veränderten Motive vieler junger Mitarbeiter bei der Arbeitsplatzwahl berücksichtigt werden. Auch das Thema Vereinbarkeit von Familie und Beruf spielt in diesem Zusammenhang bei Männern und Frauen eine große Rolle. Obwohl mittlerweile 70 Prozent der Absolventen des medizinischen Studiums weiblich sind, besetzen Frauen derzeit nur vier Prozent der Chefarztstellen an Krankenhäusern. Und auch bei den Oberärzten kommen die Frauen lediglich auf einen Anteil von 25 Prozent. Gelingt es hier den Kliniken nicht, sich gerade für Frauen als attraktiver Arbeitgeber zu präsentieren, dürfte es für einige Häuser schwer werden, alle aktuell angebotenen Leistungen auch künftig zu offerieren. Dabei endet das Werben um die Ärztinnen nicht mit der Einrichtung eines Klinikkindergartens. Erwartet werden vielmehr auch alternative Arbeitszeitmodelle, die insbesondere den Frauen die gleichen Karrierechancen eröffnen wie den Kollegen auf klassischen Vollzeitstellen.

Um solchen Anforderungen gerecht zu werden, besteht ein großer Bedarf an systematischer Auswahl und Planung der geeigneten Maßnahmen. Im Idealfall wird ein Maßnahmenpaket geschnürt, das mit einem gegebenen Aufwand die größte Steigerung der Attraktivität als Arbeitgeber verspricht – und zwar sowohl in der Wahrnehmung der eigenen Mitarbeiter als auch in der Wahrnehmung der relevanten Bewerbergruppen. Kurz gesagt geht es darum, strukturiert vorzugehen und dabei den größten Hebel zu finden.

4.2 Systematische Bestandsaufnahme und Planung

Um einen schnellen und standardisierten Prozess für Maßnahmen zur Steigerung der Arbeitgeberattraktivität zu etablieren, muss gleich zu Beginn eines solchen Projektes eine hohe Akzeptanz in der Belegschaft geschaffen werden. Dies gelingt am besten durch die frühzeitige Einbindung von Meinungsführern innerhalb der Klinik. Zusätzlich sollte durch eine kontinuierliche Kommunikation Transparenz, Interesse und Unterstützung hergestellt und damit Gerüchten vorgebeugt werden.

Sind Transparenz und Akzeptanz sichergestellt, erfolgt eine strikte Priorisierung der möglichen Maßnahmen hinsichtlich der angestrebten Ziele. Am Ende der Bestandsaufnahme und Planung steht dann ein unter allen Beteiligten abgestimmtes Gesamtprogramm, in dem sowohl die so genannten „Quick Wins" als auch die längerfristigen Maßnahmen konkret beschrieben werden.

Im Handlungsfeld Mitarbeiterentwicklung und berufliche Perspektive können mögliche im Rahmen der systematischen Bestandsaufnahme entwickelte Maßnahmen beispielsweise sein:

- Systematische Führungskräftefortbildung
- Hausinterne Rotation und interdisziplinäre Hospitation fördern
- Mentorenprogramm zur Unterstützung junger Ärzte und Pflegekräfte
- Mehr externe Fortbildung ermöglichen
- Finanzierung von Mitgliedschaften in Fachverbänden

4.3 Erfolgsfaktoren der Maßnahmenumsetzung

Auf den ersten Blick handelt es sich bei den Maßnahmen zur Erhöhung der Arbeitgeberattraktivität um so genannte weiche Themen. Bei ihrer Umsetzung führt an einem strukturierten Vorgehen aber kein Weg vorbei. Daher müssen die einzelnen Arbeitsfelder inhaltlich klar voneinander abgegrenzt werden. Ebenso ist es unerlässlich, klar definierte, messbare und realistische Ziele zu haben, die in einem klar definierten Zeitplan – inklusive Zwischenziele und Meilensteine – erreicht werden sollen. Die schon zu Projektbeginn notwendige kontinuierliche Kommunikation findet während der Umsetzungsphase ihre Fortsetzung in umfassenden und zielgruppengerechten Statusmeldungen zu den Umsetzungsfortschritten. Auch an den einzurichtenden Lenkungsausschuss sollte regelmäßig berichtet werden.

Auch wenn es für das Maßnahmenpaket zur Steigerung der Arbeitgeberattraktivität eine interne ergebnisverantwortliche Projektleitung gibt, die durch im Haus vorhandenes Projektmanagement-Know-how unterstützt wird, kann der gezielte Einsatz externer Berater durchaus sinnvoll, ja sogar notwendig sein. So sind beispielsweise gerade in Konfliktsituationen häufig Moderationsfähigkeiten gefragt, die ein Krankenhaus nicht ständig vorhalten kann und auch nicht vorhalten muss. Gleiches gilt für spezifische kommunikative Kompetenzen wie etwa der Umgang mit den Medien. Auch hier sollten die eigenen Projektteams auf externe Expertise zurückgreifen dürfen.

Ein weiterer Grund für den Einsatz externer Berater ist das Ziel, den Know-how-Transfer als einen natürlichen Prozess im Unternehmen zu verankern. Denn wie sollen Mitarbeiter beispielsweise das durch einen neuen Kollegen mitgebrachte Wissen übernehmen, nutzen und im Krankenhaus erfolgreich multiplizieren, wenn solche Prozesse zuvor nie trainiert, sondern dem Zufall überlassen worden sind.

4.4 Die Besetzung von Führungspositionen

Hat sich ein Krankenhaus als attraktiver Arbeitgeber in der Branche etabliert, steigt erfahrungsgemäß die Zahl der Bewerber. An einem ausführlichen Besetzungsverfahren kommen die Kliniken aber weder bei den medizinischen noch bei den kaufmännischen Führungspositionen vorbei. Im Gegenteil: Erst die Qualität der einzelnen Rekrutierungsschritte sichert eine den neuen Anforderungen entsprechende und hochwertige Positionsbesetzung.

4.4.1 Medizinische Führungskräfte

Der typische Ablauf einer Besetzung beispielsweise von Chefarztpositionen (siehe auch Abb. 4) beginnt nach dem intensiven Briefing der Personalabteilung mit der Marktansprache über eine Anzeige oder die Einschaltung eines Personalberaters. Auf eine solche Ausschreibung hin bewerben sich in der Regel 15 bis 25 Bewerber, von denen auf Basis der schriftlichen Unterlagen zehn bis 15 Kandidaten zu einem ersten Gespräch eingeladen werden. Allerdings ist hierbei zu berücksichtigen, dass die Bewerberzahl je nach Fachgebiet, Rahmenbedingungen in der Klinik sowie Standort und sonstigen Faktoren stark schwanken kann. So gibt es heute Besetzungsverfahren, in denen der Klinik insgesamt nicht mehr als zwei oder drei Bewerbungen vorliegen.

Bis zu diesem Zeitpunkt sind nicht viel mehr als die Formalqualifikationen wie etwa die bisherige Position und das Leistungsspektrum der Bewerber bekannt. Beim ersten Aufeinandertreffen, das üblicherweise 60 bis 90 Minuten dauert, werden nun die in Abschnitt II aufgelisteten

Anforderungen wie die strategisch-analytische Prägung oder die ökonomisch-organisatorischen Kenntnisse systematisch abgeprüft. Auch seine kommunikativen und Führungsfähigkeiten muss der potenzielle Chefarzt in dieser Phase unter Beweis stellen.

Als Erfahrungswert schafft es rund ein Drittel der zum ersten Gespräch geladenen Bewerber in die zweite Runde. Dort wird dann neben einer weiteren Überprüfung der Entscheidungskriterien bereits über die Vertragsrahmenbedingungen gesprochen. Die Vergütungsstruktur orientiert sich hierbei heute deutlich stärker an den unternehmerischen Aufgaben eines Chefarztes. Neben der Beteiligungsvergütung als Komponente für die Behandlung von Privatpatienten finden zunehmend Bonusmodelle auf der Basis von abteilungsbezogenen Zielvereinbarungen Anwendung. Insgesamt steigen die Chefarzt- aber auch die Oberarztvergütungen im Vergleich zu den vergangenen Jahren teilweise deutlich. Diese Tatsache ist der relativen Knappheit von medizinischen Führungskräften im Markt geschuldet.

Trotz aller wichtigen und richtigen ökonomischen Aspekte fällt die Entscheidung zwischen den nach der zweiten Gesprächsrunde im Rennen verbliebenen zwei bis drei Bewerbern dann aber auch dem Gesichtspunkt des „Cultural Fit". Denn unbesehen gewollter und auch notwendiger Neuerungen in der Gesundheitswirtschaft müssen neue Führungskräfte nach wie vor zur Kultur und Geschichte eines Krankenhauses passen.

Ausschreibung / Marktansprache		15 – 25 Bewerbungen
Selektion auf Basis der schriftlichen Unterlagen	10 – 15 Bew.	Formalqualifikation Bisherige Position Leistungsspektrum
Erste Bewerber-Gespräche	10 – 15 Bew.	Strategisch-analytische Prägung Ökonom.-organ. Kenntnisse Kommunikationsverhalten Führung
Vertiefte Bewerber-Gespräche	5 – 6 Bew.	Überprüfung Entscheidungskriterien Vertragsrahmenbedingungen
Auswahl – Entscheidung	2 – 3 Bew.	Überprüfung Entscheidungskriterien Kulturelle Passung für das Haus

Abb. 4: Typischer Ablauf eines Besetzungsverfahrens für Chefarztpositionen
Quelle: Rochus Mummert Healthcare Consulting

4.4.2 Nicht-medizinische Führungskräfte

Die Professionalität des Auswahlprozesses ist auch bei den kaufmännischen Führungskräften für den Besetzungserfolg essentiell. So empfiehlt es sich, im ersten Schritt Zielfirmen- und Ansprachelisten zu erstellen und neben Stellenanzeigen in Fachmedien gegebenenfalls im Kandidatenmarkt auch Direktansprachen zu unternehmen. Anschließend sollten die über die verschiedenen Wege gewonnenen Bewerber in verschiedenen Situationen wie beispielsweise Interview, Fachgespräch oder Assessment Center beobachtet werden. Zusätzlich zur systematischen Analyse sollten zur Beurteilung der Kandidaten auch Schlüsselpersonen und Aufsichtsgremien hinzugezogen werden. Schließlich ist der Klinikmanager, wie wir zuvor gesehen haben (Abschnitt III), nicht nur Organisator, sondern eben auch Kommunikator – nach innen und nach außen.

Die Vergütungsfrage gestaltet sich beim kaufmännischen Führungspersonal hingegen doch etwas einfacher als bei den medizinischen Kollegen. Dennoch kommt es auch bei den Klinikmanagern darauf an, im Zusammenspiel von fixen und variablen Vergütungsbestandteilen wirkungsvolle Anreize zu setzen.

Da sich die Anforderungen an die kaufmännische Leitung eines Krankenhauses zuletzt noch stärker geändert haben als bei den Chefärzten, haben die ersten Monate nach der Einstellung des Klinikmanagers eine besondere Bedeutung. Um die auf Grund der limitierten Anzahl echter Spezialisten oft mit viel Aufwand gewonnene Spitzenkraft nicht einfach ihrem Schicksal zu überlassen, ist eine geplante Einarbeitungsphase – eventuell unter Einbeziehung externer Berater – dringend zu empfehlen. Schließlich muss die neue Führungskraft auf den profilierten Auftritt vorbereitet und intern wie extern etabliert werden.

5 Fazit

Die veränderten gesundheitspolitischen und Markt-Rahmenbedingungen führen zu neuen Berufsfeldern und sich wandelnden Aufgaben in den traditionellen Führungspositionen eines Krankenhauses. Dies gilt sowohl für die medizinischen als auch für die kaufmännischen Führungskräfte. Während bei den ärztlichen Leitungsfunktionen der Anteil von Management- und Führungsaufgaben deutlich steigt, sind die Klinikmanager immer stärker mit Koordinations-, Integrations- und nicht zuletzt Finanzierungsaufgaben betraut.

Um für die veränderten Anforderungen die passend qualifizierten Führungskräfte zu gewinnen, müssen die Krankenhausträger auch Qualität und Inhalte ihrer Auswahlverfahren steigern. Darüber hinaus müssen die Vertrags- und Vergütungsmodalitäten die veränderten Rahmenbedingungen aufgreifen, indem – auch für ärztliche Führungskräfte – zunehmend variable und zielvereinbarungsgebundene Vergütungsbestandteile eingebunden werden. Für den Ablauf der Bewerbungsverfahren ist unbedingt zu berücksichtigen, dass sich der Arbeitgeber auch beim künftigen Arbeitnehmer bewirbt und kompetente Führungskräfte im Krankenhausmarkt heute in der Regel zwischen mehreren Positionen wählen können.

Da es sich beim Expertensystem Krankenhaus um einen geschlossenen Markt handelt, der auch bei kaufmännischen Leitungspositionen für Quereinsteiger kaum Zutrittsmöglichkeiten bietet, müssen die Kliniken zur Gewinnung, Bindung und Entwicklung sowohl von ärztlichen als auch von nicht-medizinischen Führungskräften an ihrer Attraktivität als Arbeitgeber permanent arbeiten. Wenn dieses gelingt, kann die entstehende Dynamik die Wettbewerbsposition der Branche und damit die Berufe im Gesundheitswesen insgesamt wieder attraktiver machen.

All diese Faktoren fordern ein ganzheitliches, auf einem hohen Niveau arbeitendes inhaltliches Personalmanagement, das durch adäquate Strukturen, Abläufe und für Ihre Aufgabe qualifizierte Mitarbeiter im Personalbereich gewährleistet wird.

Erfolgsfaktor Familie – ein Projektbericht

Dr. Susann Breßlein

Abstract: „Schon immer" gehörten die Arbeitszeiten in Krankenhäusern auf Grund der Daueröffnungszeiten nicht zu den familienfreundlichen Arbeitszeiten. Auf ärztlicher Seite erfolgte eine Kompensation der Nacht- und Wochenenddienste über den Verdienst. Die Pflegekräfte profitierten auf Grund des Schichtdienstes finanziell davon wenig.

Das Klinikum Saarbrücken hat frühzeitig, schon längst bevor das Wort „Fachkräftemangel" in aller Munde war, eine Initiative zur Flexibilisierung der Arbeitszeit gestartet. Man wollte die Mitarbeiterzufriedenheit stärken, seine Attraktivität als Arbeitgeber erhöhen und nicht zuletzt die Anwesenheiten der Mitarbeiter auf den Arbeitsanfall abstimmen.

Doch der gesellschaftliche Wandel der letzten Jahre konnte auch damit nicht gelöst werden. Jetzt mussten neue Konzepte in Sachen Kinderbetreuung und Betreuung älterer Angehöriger her.

1 Problemstellung

Es gibt nur wenige Arbeitsplätze, die ähnlich familienunfreundlich sind, wie die Arbeitsplätze in einem Krankenhaus: 365 Tage rund um die Uhr müssen und möchten die Patienten versorgt werden. Dies betrifft nicht nur die Medizin und die Pflege, nein auch die Funktionsbereiche, die Versorgungsbereiche, den Reinigungsdienst und viele andere Berufsgruppen.

Das war „schon immer" so, wurde aber bis vor wenigen Jahren kaum thematisiert. Für die Berufe und die Arbeitsplätze gab es genug Interessenten, die von Anfang an wussten, auf was sie sich einließen, und sich entweder mit ungünstigen Arbeitszeiten abfanden oder für eine gewisse Zeit, schlimmstenfalls ganz, aus dem Beruf ausstiegen, um sich der Familie zu widmen.

Die durchschnittlichen Verweilzeiten im Beruf waren insbesondere bei Pflegekräften, bei Ärztinnen, bei MTAs sehr gering. Dies war akzeptiert und wurde kaum kommentiert.

Ärzte „schrubbten" Dienste, um auf diese Weise ihr Einkommen zu erhöhen. Als Krankenhäuser in den 90er-Jahren dazu übergingen, die Dienste mit Freizeit anstatt mit Geld zu bezahlen, konnten zunächst *die* Krankenhäuser als Arbeitgeber glänzen, die es beim Primat des Geldes beließen. Lange gab es bei all denen, die Bereitschaftsdienste leisteten – und bei ihren Vorgesetzten – wenig Verständnis dafür, dass man regelhaft nach einem Nachtdienst morgens nach Hause gehen sollte und dafür auf Geld verzichtete.

Bevor die Arbeitszeiten in den Krankenhäusern Thema wurden, ging es zunächst um die Vergütung. Die Attraktivität des Arbeitsplatzes und des Berufes wurde daran gemessen, was am Monatsende auf dem Konto einging. So glaubte man noch in den 80er und 90er Jahren, den Pflegenotstand mit erhöhter Vergütung in den Griff zu bekommen und damit wieder mehr junge Leute für diesen Beruf zu interessieren. Daran, dass auch die Arbeitszeiten zu überprüfen waren, dachte man damals vordergründig noch nicht.

2 Erste Maßnahmen des Klinikums Saarbrücken

Als das Klinikum Saarbrücken Mitte/Ende der 90er Jahre damit begann, seine Arbeitszeiten umfassend für alle Berufsgruppen zu flexibilisieren, gab es zunächst viel Skepsis, ob die Patientenversorgung dann noch hochwertig möglich sei.

Gleitende Arbeitszeiten mit Kernzeiten waren zwar in der Administration gang und gäbe. Die Mitarbeiter der Verwaltung wurden um ihre flexiblen Möglichkeiten der Arbeitszeitgestaltung beneidet, aber durfte man dies auch auf die patientennahen Berufe übertragen?

Gemeinsam mit dem für diese Dinge sehr aufgeschlossenen Betriebsrat ging man daran, *im Ganzen Haus* Flexibilisierungen der Arbeitszeiten auszuprobieren und sich von festen Schichtzeiten zu verabschieden.

3 Natürlich auch für Ärzte geeignet

Der ärztliche Dienst startete in einer konservativen Abteilung (Neurologie mit stroke unit) und in einer operativen Abteilung (Orthopädie). Die

Absprache lautete: der jeweilige Chefarzt, die Personalabteilung und der Betriebsrat begleiten die Arbeitszeitmodelle konstruktiv, verzichten allerdings auf ihre Rechte gemäß Betriebsverfassungsgesetz.

Die Vorgaben, zu welcher Zeit wie viele Mitarbeiter an welcher Stelle sein müssen, wurden gemeinsam festgelegt. Danach war es den ärztlichen Mitarbeitern überlassen, gemeinsam dafür zu sorgen, dass die Abteilung rund lief. Die Verantwortung wurde ins Team delegiert.

Sowohl in der Neurologie als auch in der Orthopädie wurden die flexiblen Arbeitszeiten zu Erfolgsmodellen. Die ärztlichen Mitarbeiter der anderen Abteilungen drängten darauf, sich anschließen zu können und auch flexibel arbeiten zu dürfen.

Über einen Zeitraum von knapp 2 Jahren wurden schließlich alle ärztlichen Abteilungen erfolgreich umgestellt.

Dennoch gab es ein paar Unverbesserliche:

Ein Chefarzt wollte seine Abteilung auch an die modernen Arbeitszeiten anpassen, formulierte jedoch die Vorgabe: „Morgens um 7.30h zur Frühbesprechung und nachmittags um 16.30h zur Spätbesprechung müssen aber alle da sein." So geht es natürlich nicht…

Letztendlich gelang es, für alle medizinischen Abteilungen jeweils maßgeschneiderte flexible Arbeitszeitmodelle zu entwickeln.

4 Umfassende Änderungen in der Pflege

Auch in der Pflege wurden vor mehr als 10 Jahren die alten Schichtmodelle (früh, spät, nachts) ad acta gelegt. Die Stationsleitungen und ihre Teams erhielten die Hoheit, selbst die Anwesenheiten untereinander abzustimmen: wie viele Personen müssen schon morgens um 6 Uhr da sein? Wie viele Mitarbeiter müssen wann hinzu kommen? Wie viele Mitarbeiter müssen bis wann da sein?

Hier galt das Gleiche wie bei den Ärzten und bei allen anderen Berufsgruppen: die Personalabteilung beschränkte sich darauf, die Arbeitszeitmodelle auf Kompatibilität mit dem Arbeitszeitgesetz und mit dem Tarifvertrag zu überprüfen und als Berater mit guten Ideen zu wirken.

Auch der Betriebsrat überließ den Stationsteams die Hoheit beim Ausprobieren neuer Arbeitszeiten, achtete allerdings darauf, dass niemand übervorteilt wurde.

Parallel dazu wurden hausweit die unterschiedlichsten Teilzeitvarianten eingeführt, die ebenfalls einen großen Anteil dazu beitrugen, dass flexibel und ohne starre Schichtzeiten gearbeitet werden konnte.

Die Erfolge in der Pflege waren für beide Seiten mehr als greifbar: die Anwesenheiten der Mitarbeiter waren zum einen genau auf den Bedarf der jeweiligen Station abgestimmt. Zum anderen konnten die Pflegekräfte erstmals regelmäßig an Abendaktivitäten wie VHS-Kursen, Chorproben etc. teilnehmen. Dies war zu Zeiten fester Schichtpläne nur in Ausnahmefällen möglich.

5 Schließlich das ganze Haus

Als die erste Offensive für flexible Arbeitszeiten hausweit abgeschlossen war, gab es mehr als 300 verschiedene Arbeitszeitmodelle, die inzwischen natürlich formal vom Betriebsrat genehmigt waren. Dazu kamen Teilzeitvarianten in verschiedensten Formen und mit unterschiedlichstem Stundenumfang.

Damit dies administrativ überhaupt noch zu bewältigen war, wurde eine leistungsfähige Software zur Erfassung der individuellen Arbeitszeiten angeschafft. Jeder Mitarbeiter erhielt einen Chip, der neben der An- und Abmeldung der Arbeitszeiten dazu dient, die Schranken des Parkhauses zu öffnen, im Casino und im Bistro bargeldlos zu bezahlen…

Das Betriebsklima profitierte davon. Die Motivation und die Kreativität der Mitarbeiter stiegen und brachten das Klinikum Saarbrücken einen großen Schritt vorwärts.

6 Familienfreundlich ist mehr

Mit diesen frühen Erfolgen waren zwar die Arbeitszeiten im Wettbewerb um gute Mitarbeiter vorzeigbar und – theoretisch – für alle Eventualitäten nutzbar, dennoch stellten sich im Klinikum Saarbrücken in den letzten Jahren die gleichen Probleme wie überall:

Die gefundenen Lösungen reichten nicht aus, um die Probleme der Kinderbetreuung nachhaltig zu lösen. Die Gewinnung und die langfristige Bindung qualifizierter Mitarbeiterinnen und Mitarbeiter werden nicht nur durch die Attraktivität des Arbeitsplatzes und der Arbeitszeiten bestimmt, sondern auch und vor allem durch die Möglichkeiten, Familie und Beruf *tatsächlich* miteinander vereinbaren zu können.

Mitarbeiterinnen mit Kindern brauchen Beschäftigungsbedingungen und Betreuungsangebote, die sich den wechselnden Bedürfnissen anpassen. Dies gilt im Übrigen zunehmend auch für Mitarbeiterinnen und Mitarbeiter mit pflegebedürftigen (älteren) Angehörigen.

In Zeiten zunehmenden Fachkräftemangels bei gleichzeitig zunehmendem Kostendruck galt es, weitere Anstrengungen zu unternehmen, die Attraktivität als Arbeitgeber zu erhöhen und Mitarbeiter insgesamt bei ihren familiären Erfordernissen zu unterstützen.

7 Was wollen/brauchen die Mitarbeiterinnen und Mitarbeiter?

Das Klinikum Saarbrücken veranstaltete im Mai 2009 eine Online-Umfrage zur „Vereinbarkeit Familie und Beruf durch flexible Kinderbetreuung". Die Umfrage wurde durchgeführt von der do.it projektmanagement GmbH & Co KG und begleitet von der Kontaktstelle „Arbeiten und Leben im Saarland" der saarländischen IHK.

Teilnehmen konnten alle Mitarbeiterinnen und Mitarbeiter mit Kindern unter 12 Jahren. Es wurde nach der konkreten Betreuungssituation und der Vereinbarkeit von Familie und Beruf gefragt. Die Beteiligung war mit 94 Personen erfreulich hoch und ergab einen hohen Bedarf an flexibler und differenzierter Kinderbetreuung. Das Ergebnis zeigt, dass auch die flexibelsten Arbeitszeiten im Krankenhaus die Organisation und Personalausstattung der meisten Kindertagesstätten überfordern. Dies gilt insbesondere bei Nacht- und Wochenenddiensten und in der Ferienzeit.

Nachstehende Abbildungen verdeutlichen dies.

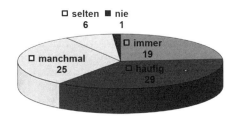

Abb. 1: Betreuungsprobleme während der Arbeitszeit
Quelle: Breßlein

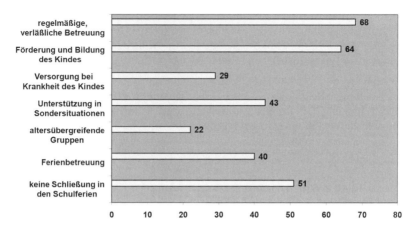

Abb. 2: Erwartungen an flexible Kinderbetreuung
Quelle: Breßlein

8   Wie wurde reagiert?

Die Krankenhausleitung reagierte im Oktober 2009 mit der Schaffung einer Beratungs- und Vermittlungsstelle innerhalb der Personalabteilung, besetzt mit einer Person, die die Problematik aus eigener Anschauung kennt.

Die Beratungs- und Vermittlungshilfen erstrecken sich auf

- Betreuungsplätze

- Tagesmütter

- Babysitter

- Kinderferienprogramme

Durch Kontaktangebote, Informations- und Planungsgespräche vor und während der Elternzeit wird frühzeitig der Bedarf an Kinderbetreuung ermittelt, besprochen und bestenfalls auch befriedigt. Parallel dazu gelingt es immer besser, mit den Beschäftigten in der Elternzeit im Kontakt zu bleiben und den Abstand zum Arbeitsplatz gering zu halten. Sie bleiben im hausinternen Emailverteiler, der von zu Hause abgerufen werden kann. Ihnen werden Weiterbildungsangebote gemacht, Vertretungseinsätze ermöglicht und letztlich alles getan, um sie bald wieder auf dem angestammten Arbeitsplatz einsetzen zu können.

Ist Ihnen bekannt, dass Ihr Arbeitgeber an einem schnellen Wiedereinstieg Ihrer Person während der Elternzeit interessiert ist?

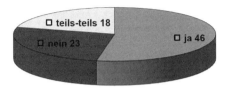

Abb. 3: Wiedereinstieg während der Elternzeit
Quelle: Breßlein

Die laufenden Hilfen beziehen sich zum einen wiederum auf die Arbeitszeitorganisation. Bei entsprechendem Bedarf werden in Absprache mit den Vorgesetzten individuelle Arbeitszeiten und unkonventionelle Modelle erarbeitet (siehe nachstehenden Artikel aus der Saarbrücker Zeitung vom 15.10.2010)

Weiterhin wurden Kooperationsverträge mit inzwischen 5 Kindertagesstätten und der Kinderbetreuungsbörse Saarbrücken geschlossen.

In ausführlichen persönlichen Gesprächen wird über das Kinderbetreuungsangebot im Regionalverband Saarbrücken informiert und gemeinsam wird nach der geeigneten Betreuung für das Kind gesucht.

Beitrag aus der Saarbrücker Zeitung vom 15.10.2010:

„Sie teilen sich Arbeit und Kinderversorgung

Das Klinikum Saarbrücken ist stets bemüht, seinen Angestellten familienfreundliche Arbeitszeitmodelle anzubieten. Beispiel: Ein Oberarzt-Ehepaar im Klinikum teilt sich eineinhalb Oberarztstellen – und die Kinderversorgung.

Saarbrücken. Im Klinikum Saarbrücken ist es schon seit vielen Jahren selbstverständlich, durch flexible Arbeitszeitmodelle und Unterstützung bei der Kinderbetreuung den Mitarbeitern die Vereinbarung von Kindern und Karriere zu erleichtern. Auch in leitenden Positionen sollen Mitarbeiter durch familienfreundliche Arbeitsbedingungen nicht auf Nachwuchs verzichten müssen. Geschäftsführerin Susann Breßlein erklärt: „Die Zukunft unserer Gesellschaft hängt mit davon ab, ob und wie viel wir in die nächsten Generationen investieren."

In Anerkennung der familiengerechten Unternehmenspolitik des Klinikums wurde Breßlein vom Bundesfamilienministerium für das Unternehmensprogramm „Erfolgsfaktor Familie" zur Saarland-Botschafterin ernannt.

Ein Beispiel dafür, wie es gelingen kann, Beruf und Familie unter einen Hut zu bekommen, ist das Ehepaar Sabine und Christian Veit. Sie sind beide Oberärzte in der Neurologie des Klinikums Saarbrücken. Als Sabine Veit 2006 das erste Mal und ein Jahr darauf gleich noch einmal schwanger wurde, waren die beiden Ärzte zunächst sehr verunsichert, was das für ihre weitere berufliche Zukunft heißt. Entwarnung kam von Seiten ihres Vorgesetzten, des Chefarztes der Neurologie, Professor Dr. Karl-Heinz Grotemeyer: „Das lösen wir irgendwie."

Die Elternzeit haben beide in Anspruch genommen. Sabine Veit blieb die ersten zwei Jahre zu Hause bei den Kindern, Christian Veit blieb das dritte Jahr.

Christian Veit sieht sein väterliches Engagement ganz selbstbewusst: „Für mich war es eine sehr schöne, wertvolle und elementare Erfahrung, die ich nicht missen möchte. Ich konnte die Kinder intensiv aufwachsen sehen. Dadurch haben die Kinder und ich eine sehr enge Bindung zueinander entwickelt."

Die dreijährige Clara und der vierjährige Moritz sind inzwischen in einer Kindertageseinrichtung. Die Eltern teilen sich eineinhalb Oberarztstellen. Zunächst hatten sie überlegt, dass einer ganztags und der andere halbtags arbeitet. Doch das hätte für denjenigen, der die halbe Stelle hat, in jedem Fall Nachteile bedeutet: Er wäre weniger intensiv im Berufsleben, würde weniger in die Rente einzahlen und hätte mit Haushalt und Kindererziehung die Hauptlast. Auch hier kam der entscheidende Vorschlag vom „Chef" höchstpersönlich: „Macht doch jeder 75 Prozent." Und das machten sie.

In Absprache mit dem Vorgesetzten war damit ihr eigenes, optimal auf sie zugeschnittenes Arbeitszeitmodell erfunden: Sie arbeiten meistens abwechselnd. Nach vier Wochen ist Schichtwechsel, dann arbeitet die/der andere und die/der eine bleibt zu Hause. Einige Wochen im Jahr überschneidet sich ihre Arbeitszeit, aber auch das ist kein Problem, dann kommt derjenige, der die Kinder zum Kindergarten bringt, etwas später, dafür geht der andere früher, um sie abzuholen. Dank Gleitzeitkonto und flexiblen Arbeitszeiten ist das alles kein Problem. Weil sie beide als Oberärzte in derselben Abteilung arbeiten, haben sie zusätzlich den Vorteil, dass sie sich lückenlos gegenseitig vertreten können.

Personaldirektor Edwin Pinkawa: „Um in Zeiten des Ärztemangels gut aufgestellt zu sein, haben wir uns darauf eingestellt, dass junge Ärztinnen und Ärzte Beruf und Familie miteinander verbinden können. Und das gilt auch für alle anderen Fachkräfte, egal ob in der Pflege, der Technik oder in der Verwaltung." red"

9   Tue Gutes und rede drüber

Diese Aktivitäten wurden und werden sowohl in der ganzen Belegschaft – auch bei den nicht Betroffenen – aber auch in der Öffentlichkeit wahrgenommen. Positive Medienberichte bringen einen Imagegewinn als Arbeitgeber. Reaktionen aus allen Richtungen zeigen, dass diese Übernahme gesellschaftlicher Verantwortung gewürdigt wird.

Das beste äußere Zeichen dafür ist, dass das Bundesministerium für Familie, Senioren, Frauen und Jugend 2010 die Geschäftsführerin des Klinikum Saarbrücken zur Botschafterin des Saarlandes der Initiative Erfolgsfaktor Familie ernannte.

Das Klinikum Saarbrücken sucht in diesen Dingen bewusst die Öffentlichkeit, nimmt an Aktionstagen und Podiumsdiskussionen, an Wettbewerben und an Initiativen teil:

Immer mehr Mitarbeiter melden sich, weil sie stolz auf ihr Beispiel der flexiblen familienfreundlichen Arbeitsbedingungen sind, und sind bereit als Beispiel zu dienen.

Natürlich werden die Erfahrungen und Erfolge bei Nachfrage gerne an interessierte Institutionen und Unternehmen weiter gegeben. Auch hier steigt die Zahl der Anfragen.

Selbst wenn es inzwischen Nachahmer in anderen Krankenhäusern gibt, gelingt es weiterhin, die Fachkräfte für das Klinikum Saarbrücken zu interessieren bzw. sie zu halten. Der Ruf des „Pioniers" hilft dabei.

10 Nächste Schritte

Erstmals im Sommer 2010 wurde Mitarbeitern die Gelegenheit gegeben, Ihre Kinder – maximal sechs Wochen – in eine Ganztagsbetreuung einer Kinderfreizeit zu geben. Hierzu wurde eine Zusammenarbeit mit der Arbeiterwohlfahrt Saarland eingegangen. Der ohnehin mit 92,50 Euro erschwingliche Wochenbeitrag wurde durch das Klinikum Saarbrücken mit 50 % bezuschusst.

Die teilnehmenden Kinder (und ihre Eltern) waren begeistert und die Nachfrage für weitere derartige Angebote hat zugenommen.

Deshalb wird diese Zusammenarbeit in 2011 fortgesetzt und vertieft werden. Darüber hinaus ist es der sehr aktiven Kontaktstelle „Arbeiten und Leben im Saarland" der IHK gelungen, Unternehmen zu diesen Themen miteinander ins Gespräch zu bringen.

Ein erstes Ergebnis dieser Gespräche wird eine eigene zweiwöchige Kinderferienfreizeit des Klinikum Saarbrücken in den Sommerferien, gemeinsam mit zwei weiteren Saarbrücker Großunternehmen organisiert, sein.

Die nächste Herausforderung wird darin bestehen, Beschäftigte mit älteren, insbesondere pflegebedürftigen Mitarbeitern zu unterstützen. Das Klinikum Saarbrücken betreibt in einer Tochtergesellschaft sowohl ein Alten- und Pflegeheim als auch einen mobilen Pflegedienst, so dass einige Lösungen bereits angedacht sind.

Tarifverträge als Bremse oder Motor für die Personalgewinnung?

Larissa Wocken/Prof. Dr. Bernd Schlüter

1 Einführung

Die Bewertung, ob Tarifverträge für die wirtschaftliche Entwicklung als Bremse oder als Motor angesehen werden (können), hat sich durch eine Entscheidung des Bundesarbeitsgerichts aus Juli 2010[1] erheblich verschoben. Tarifliche Regelungen hatten die Funktion, eine Gerechtigkeitsgewähr bei der Entlohnung und den sonstigen Arbeitsbedingungen gleichmäßig über alle Beschäftigten zu gewährleisten. Ob diese Funktion noch erfüllt werden kann, welche Rechtsfolgen sich aus der geänderten Rechtsprechung ergeben und welche Anforderungen sich zukünftig bei der Gestaltung oder der Nutzung von tariflichen Regelungen ergeben, soll der nachfolgende Beitrag darstellen. Ein weiteres Augenmerk liegt auf der tariflichen Entwicklung im Bereich der Freien Wohlfahrtspflege.

2 Bisherige Rechtsprechung des Bundesarbeitsgerichts zur Tarifeinheit

Bis Juli 2010 galt für alle Betriebe der Grundsatz „Ein Betrieb, ein Tarifvertrag" sobald eine betriebliche Situation aufzulösen war, in der mehrere Tarifverträge nebeneinander zur Anwendung gelangten (Tarifpluralität)[2] oder sich die Geltungsbereiche verschiedenen Tarifverträge überschnitten (Tarifkonkurrenz).

---

1 BAG 7.7.2010 – 4 AZR 549/08.
2 BAG 5.9.1990 – 4 AZR 59/90: Tarifpluralität liegt vor, wenn der Betrieb oder ein Teil des Betriebs des Arbeitgebers vom Geltungsbereich zweier Tarifverträge, die von verschiedenen Gewerkschaften abgeschlossen worden sind, erfasst wird und der Arbeitgeber an beide Tarifverträge, sei es aufgrund einer Allgemeinverbindlichkeitserklärung oder aufgrund Organisationszugehörigkeit gebunden ist, für die Arbeitnehmer aber nur einer dieser Tarifverträge kraft Tarifbindung gilt.

Nach dem Grundsatz der Tarifeinheit galt: „unter mehreren Tarifverträgen ist (…) – entsprechend dem überwiegenden Betriebszweck – dem sachnäheren Tarifvertrag der Vorzug zu geben, d. h. dem Tarifvertrag, der dem Betrieb räumlich, betrieblich, fachlich und persönlich am nächsten steht und deshalb den Erfordernissen und Eigenarten des Betriebs und der darin tätigen Arbeitnehmer am besten gerecht wird"[3] Danach galt insbesondere, dass ein Firmentarifvertrag dem Verbandstarifvertrag grundsätzlich vorging.[4] Konnte nach dem Spezialitätsprinzip keine Lösung gefunden werden, galt das Mehrheitsprinzip. Diese Grundsätze galten sowohl für unmittelbar Tarifgebundene (Arbeitgeber war Mitglied des Arbeitgeberverbands und Arbeitnehmer Mitglied der Gewerkschaft) wie auch für Arbeitsverhältnisse, in denen tarifliche Regelungen durch Inbezugnahme im Arbeitsvertrag galten.[5]

3 Rechtsprechung des Bundesarbeitsgerichts zur Aufgabe der Tarifeinheit

Die bis Juli 2010 durch die Rechtsprechung gebotene Auflösung einer betrieblichen Tarifpluralität durch zwangsweise Tarifeinheit hat das Bundesarbeitsgericht nun aufgegeben. Der speziellere Tarifvertrag verdrängt die anderen im Betrieb zur Anwendung gelangenden Tarifverträge nicht mehr, er gilt sowohl hinsichtlich seiner Inhalts- wie auch hinsichtlich seiner Betriebsnormen nur für die jeweils tarifgebundenen Parteien.[6]

Nach Aufgabe der Tarifeinheit müssen künftig alle für einen Betrieb einschlägigen Tarifverträge angewendet werden. Je nachdem, welcher Gewerkschaft der einzelne Arbeitnehmer angehört, gilt dann für ihn der jeweilige Tarifvertrag mit seinen speziellen Regelungen beispielsweise zu wöchentlicher Arbeitszeit und monatlichem Entgelt.

---

3 BAG 5.9.1990 – 4 AZR 59/90.
4 BAG 23.3.2005 – 4 AZR 203/04; vgl. aber auch BAG 4.12.2002 – 10 AZR 113/02.
5 „Auch die vertragliche Vereinbarung der Geltung eines Tarifvertrages kann (…) zum Entstehen einer Tarifkonkurrenz oder einer Tarifpluralität führen. Für deren Lösung ist (…) der Ursprung der Tarifgeltung nicht von Bedeutung (…). Wenn also nach den Grundsätzen der Tarifkonkurrenz der speziellere Tarifvertrag einen anderen allgemeinverbindlichen Tarifvertrag, der gem. § 5 Abs. 4 TVG unmittelbar und zwingend auch für nicht tarifgebundene Arbeitnehmer gilt, verdrängen kann, so muss dies genauso für ein kraft vertraglicher Bezugnahme geltenden, also nicht gemäß § 4 Abs. 1 TVG zwingend geltenden Tarifvertrag zutreffen. BAG 20.3.1991 – 4 AZR 455/90; bestätigt BAG 23.3.2005,-4 AZR 203/04.
6 BAG 7.7.2010 – 4 AZR 549/08.

4 Augenblickliche Tarifsituation in der Praxis

Für Einrichtungen der Gesundheitswirtschaft war und ist diese Situation wegen der Vielzahl der unterschiedlichen Beschäftigungsgruppen eine häufig vorkommende. Bislang kannte das Arbeitsrecht funktionsbezogene Interessenvertretung durch eigene Gewerkschaften kaum. Das hat sich spätestens seit der Bildung von eigenen Gewerkschaften für Funktioneliten wie dem Marburger Bund und im Luftfahrtsbereich UFO, dem Bahnbereich der Gewerkschaft der Lokführer geändert. Das Grundgesetz verbürgt in Art. 9 Abs. 3 das Recht jedes Einzelnen, seine Interessen in einer Gewerkschaft zu organisieren. Funktioneliten fanden ihre Interessen in einer Querschnittsinteressenvertretung „Dienstleistung" nicht mehr ausreichend berücksichtigt. Insbesondere in Berufen mit Fachkräftemangel empfanden sie die tariflich vereinbarten Lohnhöhen als wenig sachgerecht.

Demgegenüber waren und sind Arbeitgeber mit der Unmöglichkeit der betriebswirtschaftlich erwünschten Gleichbehandlung innerhalb von Mitarbeitergruppen konfrontiert, wenn sie mehrere Tarifverträge abschließen sollten. Die Pflicht zur Anwendung jedes bestehenden Tarifvertrags kann jedoch für Arbeitnehmervereinigungen ein großer Anreiz sein, solche Tarifverträge zu erzwingen. Bisher bestand wegen der geltenden Tarifeinheit nur ein geringes Interesse, unterschiedliche Tarifverträge für den gleichen Betrieb abzuschließen.

Wenn es in Betrieben verschiedene tariffähige Gewerkschaften und gültige Tarifverträge gibt, besteht die Gefahr, dass häufiger und unter Umständen auch kurzfristiger Tarifauseinandersetzungen geführt werden und den Betriebsablauf stören.

5 Ausblick – was nun?

In der Praxis führt dieses Nebeneinander von Tarifverträgen zu einer Vielzahl (noch) ungelöster Fragen:

- treffen die Arbeitnehmer nun Nachweispflichten hinsichtlich ihrer speziellen Gewerkschaftszugehörigkeit, sobald sie sich auf dessen Geltung berufen?

- Wie ist die Sperrwirkung für den Abschluss von Betriebsvereinbarungen mit den Betriebsräten auf der betrieblichen Ebene zu bewerten, wenn viele Tarifverträge existieren. Kann bereits ein Tarifvertrag für eine Mitarbeitergruppe die Regelungsbefugnis für die gesamte Mitarbeiterschaft sperren?

- Wie geht die Praxis mit dem erhöhten Risiko von Streiks um? Hat die Aufgabe der Tarifeinheit Auswirkungen auf die Auslegung der Verhältnismäßigkeit im Rahmen der Prüfung, ob ein Streik rechtmäßig ist?

- Wie sind bestehende Inbezugnahmeklauseln von tariflichen Regelungen in Arbeitsverträgen auszulegen und wie zu gestalten, so dass alle möglichen Tarifverträge erfasst werden und die Arbeitsverträge dennoch dem Transparenzgebot des AGB-Rechts genügen?

6 Referentenentwurf BDA und DGB

Im Moment des Schreibens, also Ende 2010 liegt der Bundesregierung ein Referentenentwurf von BDA und DGB vor, der eine zwangsweise Auflösung der Tarifpluralität zugunsten der alten Regelung der Tarifeinheit durch gesetzliche Regelung vorschlägt.

Der Lösungsansatz sieht folgendes vor:

- Die Tarifeinheit wird gesetzlich verankert.

- Kommen für einen Betrieb mehrere verschiedene Tarifverträge in Betracht, so ist nur der Tarifvertrag anwendbar, an den die Mehrzahl der Gewerkschaftsmitglieder im Betrieb gebunden ist.

- Für die Laufzeit dieses Tarifvertrages gilt die Friedenspflicht auch für die Gewerkschaften, deren Tarifvertrag nicht zur Anwendung kommt.

Dieser Entwurf nimmt genau wie der daneben bestehende Professorenentwurf eines Gesetzes einen Eingriff in Art. 9 III GG in Kauf, weil er meint, die Rechtsfortbildungsmöglichkeiten im Rahmen der Rechtsprechung reichten nicht aus. Dabei kann selbstverständlich die Rechtsprechung das Streikrecht von Funktionseliten in Bereich der Daseinsvorsorge beschränken, weil die Grenzen der Verhältnismäßigkeit dort besonders schnell erreicht sein dürften. Legt eine kleine Gewerkschaft den Verkehr der Republik lahm, so stellt sich diese Frage ganz unabhängig von einer bestehenden oder nicht bestehenden Tarifeinheit.

7 Arbeitsverhältnisse mit vertraglicher Bezugnahme auf tarifliche Regelungen

Dies alles hat nur Relevanz für die durch Mitgliedschaft in einer Gewerkschaft und in einem Arbeitgeberverband an den Tarifvertrag gebundenen

Mitarbeiterinnen und Mitarbeiter. Alle Mitarbeiterinnen und Mitarbeiter, in deren Arbeitsverhältnis ein Tarifvertrag durch eine arbeitsvertragliche Inbezugnahme gilt, sind zunächst nicht (unmittelbar) betroffen. Obwohl die Funktion solcher Inbezugnahmen regelmäßig eine Gleichstellung von unmittelbar tarifgebundenen und solchen Arbeitnehmern ist, die nicht der Tarifbindung kraft Mitgliedschaft unterfallen ist, tritt hier doch ein anderer Gedanke in den Vordergrund: Geschützt ist die Vertragsfreiheit jedes Einzelnen.

Damit sind bei der rechtlichen Überprüfung die Grundsätze des Rechts der Allgemeinen Geschäftsbedingungen heranzuziehen. Jede vertragliche Regelung muss transparent und verständlich für den Verbraucher, den Arbeitnehmer sein. Das AGB-Recht greift nur dort, wo das Modell, „durch freies Aushandeln von Verträgen zwischen freien, zur rechtsgeschäftlichen Selbstbestimmung fähigen Partnern Vertragsgerechtigkeit zu schaffen"[7] versagt.

Bei der Verwendung von formulierten Arbeitsverträgen, in den der Arbeitgeber gerade aus Vereinheitlichungsinteresse einen bestimmten Tarifvertrag oder eine bestimmte tarifliche Regelung in das Arbeitsverhältnis einbezieht, fehlt ein Aushandeln, so dass AGB-Recht Anwendung findet und nach der Rechtsprechung des Bundesarbeitsgericht eine Inhaltskontrolle stattfindet. Ziel der Inhaltskontrolle ist es, auf einen angemessenen Inhalt der in der Praxis verwendeten AGB hinzuwirken. Wer den Spielraum der Vertragsfreiheit durch Allgemeine Geschäftsbedingungen nutzt, müsse das volle Risiko der Klauselunwirksamkeit tragen.[8]

Für die Formulierung von Arbeitsverträgen bedeutet dies, dass eine Inbezugnahme gleich vielfältigen Regelungsbedarf berücksichtigen muss und zugleich transparent bleiben muss. Preis/Greiner[9] haben bereits vor der Änderung der Rechtsprechung zur Tarifeinheit diese antizipiert und folgenden Formulierungsvorschlag gemacht:

„(2) Ist keine Tarifbindung des Arbeitnehmers an einen beim Arbeitgeber geltenden Tarifvertrag gegeben, finden auf das Arbeitsverhältnis die jeweils für eine relative Mehrheit der im jeweiligen Beschäftigungsbetrieb tätigen tarifgebundenen Arbeitnehmer geltenden Tarifverträge in ihrer jeweils gültigen Fassung Anwendung. Das sind nach Kenntnis des Arbeitgebers derzeit die Tarifverträge der XY-Branche im Tarifgebiet Z, abgeschlossen zwischen dem Arbeitgeber/AGV X und der Gewerkschaft Y."

---

7 So die Begründung des Regierungsentwurfs zum AGB-Gesetz, BT-Dr 7/3919, S. 13.
8 So auch Preis, NZA Beilage 2006, 115, 122.
9 Preis/Greiner, NZA 2007, 1073, 1079.

Dieser Absatz berücksichtigt eine sachliche („die jeweils einschlägigen Tarifverträge") als auch zeitliche Dynamik („in ihrer jeweils gültigen Fassung"). Der in Bezug genommene Tarifvertrag wird nach dem vorzugswürdigen Mehrheits- bzw. Repräsentativitätsprinzip bestimmt. Bezugnahmeziel ist derjenige Tarifvertrag, der jeweils für eine relative Mehrheit der tarifgebundenen Arbeitnehmer des Beschäftigungsbetriebes gilt.

Die Anforderung an das Transparenzgebot hat allerdings bei der Bezugnahme auf den Mehrheitstarifvertrag eine Klippe zu überwinden: Ändert sich die Gewerkschaftsmitgliedschaft, kann sich auch die Mehrheit und damit der Tarifvertrag ändern. *Jede* Bezugnahmeklausel, die auf Kriterien der Repräsentativität, Spezialität oder Günstigkeit abstellt, ist letztlich eine Tarifwechselklausel, weil diese Bestimmungsfaktoren variabel sind.[10]

Vor dem Hintergrund der neuen Rechtsprechung, die den Arbeitsverhältnissen eines Betriebs die parallele Geltung verschiedener Tarifverträge zumisst, ist daher offen, ob ein Arbeitgeber diese Pluralität bei nichtgebundenen Arbeitnehmern durch Vertragsgestaltung nehmen kann. Solange allerdings ein Arbeitgeber mit einer solchen Gestaltung zugleich die Steuerungsmacht aus der Hand gibt, indem er die Repräsentanz im Mehrheitstarifvertrag nicht steuern kann, ist das Element der willentlichen Gestaltung ohnehin begrenzt.

8 Tarife im Dritten Sektor

Da Unternehmen der Freien Wohlfahrtspflege die Hälfte der nichtärztlichen Leistungserbringer im Gesundheitswesen bilden, ist abschließend noch auf Besonderheiten in diesem Bereich hinzuweisen. Ausgehend von der historisch gewachsenen Diözesan- bzw. landeskirchlichen Struktur hat man es im kirchlichen Bereich nach wie vor mit einer Vielzahl von Arbeitsrechtlichen Kommissionen zu tun welche Arbeitsrecht setzen. Im diakonischen Bereich ist mit der AVR Diakonie ein modernes Regelwerk gelungen, das größere Flexibilität mit ethisch verantwortbaren Standards verbindet. Allerdings gelten noch für allzu viele Anbieter regionale Arbeitsrechtssetzungen. Regional differenzierte Tarifhöhen können im Stadt-Landgefälle durchaus sinnvoll sein und die Mitarbeitergewinnung unterstützen. Solche regionalen Differenzierungen wären allerdings auch denkbar, wenn man die Gesamtzersplitterung beenden und einheitliche Tarifwerke schaffen würde. Das politische Interesse von ver.di, die kirchlichen Sonderwege zu beenden und auf diesem Feld den Mitgliederschwund zu kompensieren, tritt immer deutlicher dort in Erscheinung,

---

10 Preis/Greiner, NZA 2007, 1073, 1079.

wo die Dienstnehmer die Arbeitsrechtlichen Kommissionen blockieren. Eine dauerhaft verfassungsfeste Antwort darauf dürften weder einseitige Definitionen der Dienstnehmervertreter noch die gesetzgebenden kirchlichen Gremien bieten, sondern ein neues Gesamtsystem kirchlicher Tarifverträge unter Zulassung geeigneter Gewerkschaftsformationen als Verhandlungspartner.

Die jüngste Rechtsprechung zum Streikrecht in kirchlichen Einrichtungen[11] deutet an, dass die Kirchen und ihre Wohlfahrtsverbände gut beraten sind, den Übergangsprozess konstruktiv und vorausschauend selbst zu gestalten. Weniger das Streikrecht als die gemeinsame Kampagnenfähigkeit des Krankenhaussektors mit Arbeitnehmern und Arbeitgebern können gemeinsame Tarifsysteme der gesamten Branche herstellen. Für die Gewinnung von Mitarbeitenden im Gesundheitssektor wird es in diesem Bereich auch darauf ankommen, dass Bedingungen erreicht werden, welche attraktive Gehälter und Personalschlüssel gegenüber den Kostenträgern und der Politik absichern. Die jüngste Rechtsprechung des BSG[12] zur Berücksichtigungsfähigkeit von Tarifbindungen in Entgeltverhandlungen eröffnet allenfalls die Möglichkeit mit höheren Preisen in den Wettbewerb zu treten, was im DRG-System wiederum keine unmittelbare Wirkung entfalten kann, eher aber für die ambulante Behandlungspflege. Das jeweilige Haus kann durch Teilnahme an intelligenten und flexiblen Tarifverträgen und gute Personalführung eigene Zeichen setzen. Eine Steigerung der Attraktivität etwa des Pflegeberufs als solchen dürfte nur durch entschlossene Maßnahmen der Politik und eine Erhöhung der Gesamtfinanzierung sowie eine neue Ehrlichkeit in der Frage der Leistungsrationierung und der Zuzahlungen erreichbar sein. Auch die jüngste Gesundheitsreform sprach von einem „Sparbeitrag der Krankenhäuser". In der Realität heißt das Nullrunden und schlechtere Arbeitsbedingungen vor allem für das Pflegepersonal.

9   Conclusio

Die Tariflandschaft ist sowohl im säkularen wie im kirchlichen Bereich stark in Bewegung geraten oder wird sich in Zukunft weiter verändern. Für sachgerechte Stellenangebote an qualifizierte Bewerber kann dies eine höhere Flexibilität bedeuten. Insgesamt steigt aber der Aufwand der Personalverwaltung. Will man als Gesundheitsunternehmen in dieser neuen Situation bestehen, so wird man genügend Know-How vorhalten

---

11   ArbG Hamburg 1.9.2010, 28 Ca 105/10.
12   BSG, 29.1.2009. B 3 P 9/07 R.

oder professionelle Beratung in Anspruch nehmen müssen, die unübersichtlicher werdenden Verhältnisse zu übersehen und steuerungsfähig zu bleiben. Sollte es auch im kirchlichen Bereich zu Tarifauseinandersetzungen, regulären Tarifverträgen und Streiks kommen, so besteht womöglich die Chance, die Branche insgesamt besser gegenüber den Kostenträgern aufzustellen und die Attraktivität bestimmter Berufszweige damit grundsätzlich zu erhöhen. Ermitteln die Tarifparteien einmütig wünschenswerte Steigerungssätze, die mit der bisherigen Refinanzierung nicht realisiert werden können, so stellt sich auch die Frage, in welchen neuen Formen die Tarifpartner diese Forderungen dem Kostenträger gegenüber gemeinsam geltend machen könnten.

Arztspezifische Tarifverträge – Bremse oder Motor für Deutschlands Krankenhäuser?

Armin Ehl

Abstract: Für die Ärztinnen und Ärzte bedeutete der Abschluss der ersten arztspezifischen Tarifverträge durch den Marburger Bund das Ende einer unerfreulichen Entwicklung im Gehaltsgefüge des öffentlichen Dienstes. Von den arztspezifischen Tarifverträgen profitierten nicht nur die direkt betroffenen Mediziner, sondern auch andere Berufsgruppen und die Krankenhäuser selbst. Damit wurden wichtige Voraussetzungen für die Verbesserung der Arbeitsbedingungen in den Krankenhäusern geschaffen, um eine Antwort auf den aufkommenden Ärztemangel zu geben.

1 Arztspezifische Tarifverträge – Bremse oder Motor für Deutschlands Krankenhäuser?

Je nach Blickwinkel, nach Verbandszugehörigkeit oder gar ideologischer Ausrichtung des Betrachters wird diese Frage zwar unterschiedlich, aber meist eindeutig beantwortet. Ob es zum Ausscheren des Marburger Bundes aus dem Einheitstarif kommen musste, ist eine andere Frage. Letztlich war der Abschluss der ersten arztspezifischer Tarifverträge im Jahr 2006 kaum zu vermeiden. Die Ablösung des bis dahin geltenden Bundes-Angestelltentarifvertrages (BAT) durch den Tarifvertrag für den öffentlichen Dienst (TVöD) verdeutlichte in bislang nicht dagewesener Weise die Benachteiligung der oberen Vergütungsgruppen in dem Einheitstarifvertrag für alle Angestellten des öffentlichen Dienstes, insbesondere aber für die Ärztinnen und Ärzte. Zudem bedeutete der neue öffentliche Tarif das Ende einer gerade für die Ärztinnen und Ärzte unerfreulichen Entwicklung im Gehaltsgefüge des öffentlichen Dienstes über viele Jahre. Von den arztspezifischen Tarifverträgen des Marburger Bundes profitierten nicht nur die direkt betroffenen Ärztinnen und Ärzte im Geltungsbereich der Tarifverträge, sondern auch Ärzte in anderen Bereichen wie den kirchlichen Krankenhäusern, andere Berufsgruppen wie die Pflege und last but not least die Krankenhäuser selbst.

Der Marburger Bund blickt auf eine über 60-jährige Geschichte zurück, in der er sich zu einem schlagkräftigen Berufsverband und zur einzigen tariffähigen Ärztegewerkschaft Deutschlands entwickelt hat. Im Mittelpunkt der gewerkschaftlichen Interessenvertretung stehen vor allem der Kampf für bessere Arbeitsbedingungen und leistungsgerechte Vergütungen der Ärztinnen und Ärzte in den Krankenhäusern und anderen Einrichtungen des Gesundheitswesens. Schlechte Arbeitsbedingungen führen nicht nur zu nachhaltigem Unmut und Frustration bei den Ärztinnen und Ärzten, sondern auch zu einer Verschlechterung der Patientenversorgung durch überlastete und häufig auch übermüdete Ärzte. Eine Hauptaufgabe des Marburger Bundes war und ist es deshalb, die Arbeitsbedingungen der Ärzte auch aus Verantwortung für eine gute Patientenversorgung zu verbessern.

2006 eskalierten die Spannungen zwischen ver.di und dem Marburger Bund. Die Verschärfung der Situation beruhte u. a. auf der Strukturänderung von BAT zum TVöD. Führte im BAT das Lebensalter zunächst zu einer Einstufung in der Gehaltstabelle und in der Folge zu regelmäßigen Erhöhungen („Alterssprüngen"), wurde im TVöD die Berufserfahrung die maßgebliche Komponente. Dies war durchaus im Sinne der Ärzte. Jedoch wurde die lange Studienzeit der Ärztinnen und das dadurch bedingte spätere Berufseintrittsalter bei der Festlegung der Überleitungsbestimmungen schlichtweg übersehen. Die Verluste neueingestellter Ärztinnen und Ärzte hätten sich über die Jahre auf einen sechsstelligen Betrag summiert.

Betrachtet man die Gehaltsentwicklung der vergangenen 30 Jahre im öffentlichen Dienst, so zeigt sich, dass gerade die unteren Vergütungsgruppen stets besser abschnitten als die oberen. So lag der Gehaltsabstand zwischen der niedrigsten Vergütungsgruppe (Berufsanfänger) zur höchsten Vergütungsgruppe (Altersendstufe) im Jahre 1980 beispielsweise bei 5,32, was bedeutet, dass die höchste Vergütung seinerzeit das 5,32-fache der niedrigsten Vergütung betrug. Dieser Spreizungsfaktor ist seither um knapp 29 % auf nunmehr 3,80 gesunken. Verloren haben in diesen 30 Jahren insbesondere die Vergütungsgruppen ab Fachhochschulabschluss aufwärts. Es ist also durchaus nicht so, dass – wie immer wieder polemisch ausgeführt wird – „Eliten" im Vergütungssystem grundsätzlich besser gestellt wurden bzw. sich bereicherten. Das Gegenteil war der Fall.

Die Einführung des TVöD brachte das Fass zum Überlaufen und endete in der Kündigung der Vertretungsvollmacht an ver.di durch die Hauptversammlung des Marburger Bundes. Seitdem schließt der Marburger Bund für seine Mitglieder eigenständig und unabhängig von anderen Gewerkschaften Tarifverträge mit den Arbeitgebern ab. Die weitaus meisten Tarifbereiche wurden erschlossen, ohne dass Streiks notwendig geworden wären. Inzwischen gibt es in etwa 90 Prozent der tarifgebundenen Krankenhäuser arztspezifische Tarifverträge, die der Marburger Bund mit den Klinikträgern ausgehandelt hat.

Mit dem Abschluss arztspezifischer Tarifverträge hat die Ärztegewerkschaft wichtige Voraussetzungen für die Verbesserung der Arbeitsbedingungen in den Krankenhäusern geschaffen. Peu á peu wurden spezielle Tarifregelungen für die angestellten Ärzte entwickelt. Diese bezogen sich insbesondere auf die Arbeitszeit, die Bewertung nächtlicher Bereitschaftsdienste als Arbeitszeit und deren Vergütung. Mit der Einführung einer arztspezifischen Eingruppierungsordnung wird das ärztliche Berufsleben strukturiert abgebildet. Die Arbeitszeitdokumentation ermöglicht es, Überstunden zu erfassen und die Arbeitszeit transparenter darzustellen, um die in den Tarifverträgen vereinbarten bzw. im Arbeitszeitgesetz vorgegebenen Höchstgrenzen einzuhalten. Schließlich wurde die Anzahl der Befristung von Arbeitsverträgen während der Weiterbildungszeit begrenzt.

Eine weitere Verbesserung der Arbeitsbedingungen ist dringender denn je angesagt. Der sich seit einigen Jahren andeutende Ärztemangel ist mittlerweile nicht mehr wegzuleugnen. War die Mangelsituation zunächst eher eine gefühlte – die Anzahl der Bewerbungen auf eine freie Stelle nahm kontinuierlich ab – und bezog sich auf eher ländliche Gegenden, ist der Mangel nun auch in den Zentren des alten Westens angekommen. Im Jahr 2008 blieben 4000 Arztstellen in deutschen Krankenhäusern unbesetzt, im Jahr 2009 waren es 5000 und im Jahr 2010 5500. Dabei ist von einer hohen Dunkelziffer auszugehen. So wird in Abteilungen, die über mehrere freie Stellen verfügen, häufig nur eine ausgeschrieben, um die potenziellen Bewerber über die Dienstesituation (Bereitschaftsdienste, Rufbereitschaften, Wochenenddienste) im Unklaren zu lassen.

Es sind Trends erkennbar, die den Schluss zulassen, dass der Ärztemangel sich eher in einer frühen Phase befindet, sich mittelfristig verstärken und zu dem Megathema der Zukunft werden wird. Dies wiederum wird zu Problemen bei der flächendeckenden medizinischen Versorgung der Bevölkerung führen.

Die Arbeitssituation der Ärztinnen und Ärzte in den Krankenhäusern und in den Praxen wird durch den Ärztemangel ebenso deutlich tangiert werden. Die verbleibenden Ärzte müssen heute bereits über die Maßen Bereitschaftsdienste in der Woche und am Wochenende verrichten sowie

Überstunden leisten, um die anfallenden Arbeiten zu erledigen. Es ist daher dringend angebracht, eine breite Diskussion zum Thema Ärztemangel zu führen. Dabei müssen neben der Analyse der Ursachen Ansätze und Konzepte zur kurz-, mittel- und langfristigen Bekämpfung des Ärztemangels gefunden werden.

Die Ursachen für den Ärztemangel sind vielfältig. Sie könnten einzeln angegangen werden. Aufkommende Lücken könnten durch strukturierte Verschiebungen behoben werden. Problematisch ist das Zusammenkommen verschiedener Ursachen, die in der Vergangenheit nicht konsequent bekämpft bzw. beseitigt wurden und nun zu einem Reparaturstau führen. So trägt sich eine wachsende Zahl von Ärztinnen und Ärzten seit einigen Jahren mit dem Gedanken, dauerhaft eine Tätigkeit im Ausland anzustreben. Diese Einstellung hat sich bei den jüngeren Ärztegenerationen verstärkt. Deutschland ist Exporteur und Importeur von Ärztinnen und Ärzten, so dass „Abgänge" in Deutschland ausgebildeter Mediziner in der Regel durch „Zugänge" aus dem Ausland kompensiert wurden. Problematisch ist jedoch das negative Wanderungssaldo. Wanderten im Jahre 2008 beispielsweise 1350 Ärztinnen und Ärzte in Deutschland ein, verließen im gleichen Jahr ca. 3065 Mediziner das Land. Hielte dieser negative Wanderungssaldo dauerhaft an, würde er zu einer Verstetigung des Ärztemangels beitragen.

Die Betrachtung des künftigen „Ersatzbedarfs" an Ärztinnen und Ärzten hat für die Erstellung einer Prognose zum Ärztemangel eine signifikante Bedeutung. Für den Zeitraum 2010 bis 2020 werden nach Zahlen der Kassenärztlichen Bundesvereinigung (KBV) ca. 71 600 Ärzte altersbedingt aus dem Berufsleben aussteigen. Betrachtet man die Zahl der Studienanfänger (ca. 9900 pro Jahr) im Fach Humanmedizin, könnte der „Ersatzbedarf" gerade mit Absolventen deutscher medizinischer Fakultäten gedeckt werden. Das Modell wackelt allerdings, wenn nicht alle Absolventen eine kurative Tätigkeit aufnehmen und stattdessen als Unternehmensberater oder in der Pharmaindustrie arbeiten.

Der Anteil der weiblichen Mediziner an der Versorgung nimmt kontinuierlich zu. Eine Konsequenz aus dem Anstieg des Ärztinnenanteils in der medizinischen Versorgung wird die Notwendigkeit einer besseren Vereinbarkeit von Familie und Beruf sein. Bereits in der Zeit der Weiterbildung werden stärker Teilzeitmodelle gefragt sein, was allerdings die Weiterbildungsdauer verlängert. Dies wiederum wird einen stärkeren Facharztmangel in der Zukunft verursachen. Teilzeitmodelle bedeuten auch, dass insgesamt mehr Mediziner „Köpfe" benötigt werden, um die Versorgung sicher zu stellen.

Wir leben in einer älter werdenden Gesellschaft. Diese Erkenntnis ist nicht neu, die Auswirkungen auf die Sozialsysteme sind bekannt, die Folgen für den Bedarf an zusätzlichem Personal wurden bislang kaum diskutiert. Der Anteil der 60jährigen und älteren ist im Zeitraum von 1991 (20,4 %) bis 2007 (25,3 %) beträchtlich gestiegen. Der Trend setzt sich fort und hat unmittelbare Auswirkungen auf die Nachfrage nach medizinischen Leistungen. Das ISGF (Fritz Beske Institut für Gesundheits-System-Forschung Kiel) gab 2009 mit seiner Morbiditätsstudie eine Prognose über die quantitative Entwicklung von Krankheiten ab. Zwischen 2007 und 2050 werden beispielsweise die Schlaganfälle um 62 %, die Herzinfarkte um 75 %, Demenz um 104 % und Makuladegeneration um 125 % steigen. Diese Zahlen bedeuten aller Voraussicht nach einen wesentlich höheren Bedarf sowohl an Ärzten als auch an Pflegekräften.

Ein wichtiger Grund für das Anwachsen des Ärztemangels bleiben demotivierende Arbeitsbedingungen in den Krankenhäusern. So nimmt die Bürokratie ständig zu. Je höher der für bürokratische Tätigkeiten benötigte Zeitaufwand ist, desto weniger Zeit bleibt für die Patientinnen und Patienten übrig. Der ökonomische Druck auf die Abteilungen und die Finanzknappheit in vielen Häusern steigen. Ökonomischer Druck, Finanzknappheit und der bereits vorhandene Ärztemangel führen zu einer weiteren Arbeitsverdichtung bei den verbleibenden Ärztinnen und Ärzten. Dies führt wiederum zur Frustration mittel-alter Ärztegenerationen und schließlich zum Burnout. Die schlechten Erfahrungen werden wiederum an junge Medizinergenerationen und angehende Mediziner (Praktikanten, PJler) weiterkommuniziert, was dort zu Ängsten und Demotivation führt.

Alles dies hat zur Konsequenz, dass der Arbeitsplatz Krankenhaus unter den Medizinern ein „negatives Image" hat, das zu „Fluchtgedanken" führt. Die Fluchtmöglichkeiten sind – wie oben beschrieben – zurzeit so vielfältig, dass sich das Ärztemangelproblem quasi immanent beschleunigt.

Die Ausbildung zum Arzt ist ein komplexer Prozess. Bereits die Auswahl von Kandidaten für das Medizinstudium erfordert einen erheblichen Zeitaufwand. Eindimensionale und schnelle Aktionen zur Beseitigung der Ursachen des Ärztemangels sind also nicht Ziel führend. Vielmehr werden Konzepte benötigt, die kurz-, mittel- und langfristige Maßnahmen zur Behebung der konkreten Probleme und bezogen auf die Zielgruppe enthalten. Kurz gesagt, die Lösungsansätze müssen zielgenau passen, damit die „Krankheit Ärztemangel" nicht chronisch wird.

Die Steigerung der Arbeitsplatzzufriedenheit und Motivation, eine bessere Vereinbarkeit von Familie und Beruf, eine bessere Verzahnung der Sektoren und die Verbesserung der Lehre sind wichtige Lösungsansätze für die Probleme. Dabei muss stets der Blick auf die Generationen gerichtet bleiben, die mit Maßnahmen erreicht werden sollen. Schließlich muss der Köder dem Fisch schmecken und nicht dem Angler.

Der wichtigste Ansatz bleibt die Verbesserung der Arbeitsbedingungen für die Ärztinnen und Ärzte, die zweifellos wichtigsten Akteure in der Krankenversorgung, durch arztspezifische Tarifverträge. In den Tarifverhandlungen, die der Marburger Bund führt, zeigt sich mehr und mehr, dass die meisten Arbeitgeber die Notwendigkeit erkannt haben, für das „knappe Gut Ärzte" attraktivere Rahmenbedingungen zu schaffen. Dabei geht es schon lange nicht mehr nur um die Bezahlung, sondern zunehmend um die Gestaltung attraktiver Arbeitsplätze, die Vereinbarkeit von Beruf und Privatleben, die Vermeidung von Überlastungen, die zu Qualitätseinbußen in der Gesundheitsversorgung führen können, sowie um eine höhere Wertschätzung der erbrachten Arbeit.

Die Krankenhäuser haben insgesamt durch die arztspezifischen Tarifverträge viel stärker profitiert, als manche es wahrhaben wollen. So wurde mit den Marburger Bund Tarifverträgen die wöchentliche Regelarbeitszeit von 38,5 Stunden im Sinne der Arbeitgeber auf 40 bzw. 42 Stunden erhöht. Durch die realistischere Bewertung von Bereitschaftsdiensten und Überstunden konnte die Arbeitsplatzzufriedenheit wesentlich erhöht werden. Viele weitere Beispiele könnten genannt werden, die einen maßgeblichen Beitrag zur Vermeidung eines noch größeren Ärztemangels in den Kliniken geleistet haben. Die meisten privaten Klinikbetreiber haben die positive Wirkung einer guten Zusammenarbeit mit dem Marburger Bund übrigens besser erkannt als die öffentlichen oder gar die kirchlichen Arbeitgeber, die sich weiterhin Tarifverhandlungen entziehen.

Zu keiner Zeit haben Patientinnen oder Patienten unter den Tarifverhandlungen oder Arbeitskampfmaßnahmen des Marburger Bundes gelitten. Stets wurde durch umfangreiche Notdienstvereinbarungen, die häufig über dem Niveau der Wochenendversorgung lagen, die medizinische Versorgung gewährleistet. Die Patienten selbst haben immer Solidarität mit „ihren" Ärzten bekundet. Immerhin ist es angenehmer von ausgeruhten und zufriedenen Ärztinnen und Ärzten behandelt zu werden als von übermüdeten und demotivierten.

Häufig konnte zudem die gewerkschaftliche Vertretung der Pflege auf Grundlage der arztspezifischen Tarifabschlüsse zugunsten ihrer Mitglieder nachverhandeln. Insofern ist das gelegentlich benutzte Argument der Entsolidarisierung durch die tarifpolitische Selbständigwerdung der angestellten Ärzteschaft in der Praxis auch an dieser Stelle völlig unbelegt. Das Gegenteil ist der Fall.

Die arztspezifischen Tarifverträge des Marburger Bundes haben den gelegentlich stotternden Motor der stationären Krankenversorgung sicher kräftig geschmiert. Die Probleme der Ärztinnen und Ärzte wurden endlich im Detail angesprochen und angegangen, wenn auch noch nicht alle gelöst. Die Ärztinnen und Ärzte selbst haben die Bedeutung eigener Tarifverträge verstanden. Nicht zuletzt diesem Umstand ist die positive Mitgliederentwicklung des Marburger Bundes der vergangenen Jahre (plus 35 % seit 2004) zu verdanken. Zwischen den Krankenhausarbeitgebern und der Ärztegewerkschaft hat sich ein zielorientiertes Miteinander entwickelt, obwohl dies selten zugegeben wird.

Die aktuellen und zukünftigen Probleme der Krankenversorgung können nur durch pragmatische, kooperative und zielgenaue Ansätze gelöst werden. Ideologische Fronten sollten der Vergangenheit angehören. Um das gute Versorgungsniveau in Deutschland erhalten zu können, bedarf es sogar alternativer „Antriebsarten", und wir brauchen mehr Flexibilität. Das Festhalten an starren Sektoren muss endlich überwunden werden. Kleinere Einheiten und neue Formen von Verbünden können lokale Gegebenheiten besser abdecken. Die Finanzierung muss den geänderten Bedürfnissen und Verhältnissen folgen. Auch hier muss die Starrheit aus den Köpfen weichen.

Veränderungen sind nicht per se schlecht. Die Frequenz der Veränderungen nimmt allerdings zu. Die Reaktionen müssen eine Linie erkennen lassen. Aus zunächst furchterregenden Umständen können neue, stabile und bessere Verhältnisse wachsen. Insofern waren die arztspezifischen Tarifverträge sicher beispielgebend.

Risiken und Chancen von Sanierungstarifverträgen

Volker Frese

Abstract:

- Sanierungstarifverträge haben nach wie vor ihre Berechtigung

- Sie fördern die Verbundenheit von Belegschaft und Unternehmen und verschaffen diesen kurzfristig den für den Fortbestand unerlässlichen finanziellen Bewegungsspielraum.

- Nachgefragte Berufsgruppen sind bei längerer Laufzeit des Sanierungstarifvertrags ohne Zugeständnisse hinsichtlich der Arbeitsbedingungen nur schwer an das Unternehmen zu binden.

- Durch eine begrenzte Laufzeit von maximal 2 bis 3 Jahren muss einem Auseinanderbrechen der Solidargemeinschaft des Beschäftigungssicherungspaktes und damit einhergehendem Aufbau von Spannungen innerhalb der Belegschaft entgegen gewirkt werden.

- Um den Sanierungserfolg zu gewährleisten und die beiderseitigen Zugeständnisse zu rechtfertigen, müssen in dem Sanierungstarifvertrag konkrete, messbare Sanierungsziele festgelegt werden.

- Sanierungstarifverträge sollten bei dauerhaftem Entfall einer sinnvollen Beschäftigungsmöglichkeit die Option eines kontrollierten Transfers auf den externen Arbeitsmarkt vorsehen.

- Zur langfristigen Motivation der Belegschaft und zur Steigerung der Attraktivität als Arbeitgeber sollten Sanierungstarifverträge eine Beteiligung der Belegschaft an dem angestrebten Erfolg vorsehen.

- Nach Ablauf des Sanierungstarifvertrages müssen anstelle einer erneuten Verlängerung Anpassungstarifverträge ausgehandelt und abgeschlossen werden, die helfen, eine langfristige Wettbewerbsfähigkeit des Unternehmens sicherzustellen.

Ein Sanierungstarifvertrag wird abgeschlossen, um einem in eine schwerwiegende Krise geratenen Unternehmen Restrukturierungen und wirtschaftliche Konsolidierung zu ermöglichen. Die Belegschaft verzichtet auf einen Teil tariflicher Leistungen und verschafft dem Unternehmen dadurch den finanziellen Freiraum, den es zum Fortbestand und zur Entwicklung und Umsetzung von Sanierungsmaßnahmen benötigt. Im Gegenzug wird eine Beschäftigungssicherung durch Ausschluss betriebsbedingter Kündigungen für die Laufzeit des Tarifvertrages eingeräumt. Häufig wird ein solcher Tarifvertrag deshalb auch Beschäftigungssicherungstarifvertrag genannt.

Es gibt wiederum unterschiedlichste Arten von Beschäftigungssicherungstarifverträgen. So eröffnen zum Beispiel im Metallbereich solche Tarifverträge die Möglichkeit, vorübergehend die Wochenarbeitszeit unter proportionaler Kürzung der Vergütung abzusenken. Solche Tarifverträge sollen in der Regel nur konjunkturelle Auftragseinbrüche abfedern und eine kostengünstigere Alternative zur Kurzarbeit sein.

Die Unternehmen, die auf Beschäftigungssicherungstarifverträge zur Überbrückung konjunkturbedingter Probleme zurückgreifen, sind vom Grundsatz her gesund und wettbewerbsfähig. Dieser Beitrag konzentriert sich dagegen auf die Tarifverträge, die angeschlagenen Unternehmen, deren Wirtschaftlichkeit und Wettbewerbsfähigkeit – zumindest vorübergehend – nicht mehr in ausreichendem Maß gegeben ist, den Fortbestand sichern sollen.

Sanierungstarifverträge lassen sich in allen Branchen finden. In den letzten Jahren wurden sie auch verstärkt im Krankenhausbereich auf der Basis des zwischen der Vereinigung der kommunalen Arbeitgeber und der Gewerkschaft Ver.di abgeschlossenen „Tarifvertrags zur Zukunftssicherung der Krankenhäuser" (TV ZuSi) vereinbart. Dabei sollten entweder vorhersehbare Notlagen vermieden oder aber eingetretene Notlagen beseitigt werden. Nach Implementierung der Fallpauschalen (DRG-System) wurden die Landesbasisfallwerte in der Konvergenzphase kontinuierlich abgesenkt. Damit reduzierten sich die Einnahmen für die Behandlung der einzelnen Patienten. Demgegenüber stiegen die Tarifentgelte und Sachkosten. Die Schere zwischen sinkenden Einnahmen und steigenden Kosten hat alle Krankenhäuser zu mehr oder weniger starken Anpassungen in den Strukturen und Prozessen gezwungen und zu einem tiefgreifenden Wandel der Branche geführt.

Viele Krankenhäuser waren und sind nicht mehr in der Lage, den gesundheitspolitisch gewollten Wandel ohne flankierende Schutzmaßnahmen zu durchlaufen. Da bei ihnen als Dienstleistungsbetriebe der Personalkostenanteil am Gesamtaufwand in der Regel deutlich über

50 % liegt, spielt die kurzfristige Senkung der Personalkosten eine entscheidende Rolle. Kurzarbeit oder die Vereinbarung von Beschäftigungssicherungstarifverträgen mit vorübergehender Absenkung der Arbeitszeit kommen nicht in Betracht, da zwar die Kosten gesenkt werden müssen, die Personalkapazität aber aus Gründen der Leistungserbringung und Erlösgenerierung uneingeschränkt erhalten werden muss.

Dem theoretisch denkbaren Gang in ein geordnetes Insolvenzverfahren werden bei Krankenhäusern regelmäßig kommunalpolitische Widerstände entgegenstehen.

Demzufolge haben Sanierungs- bzw. Beschäftigungssicherungstarifverträge nach wie vor ihre Berechtigung.

Sanierungstarifverträge haben viele Facetten. Im Kontext der Betrachtung von Konzepten zur Personalgewinnung und -bindung soll im Folgenden untersucht werden, welche Auswirkungen Sanierungs- bzw. Beschäftigungssicherungstarifverträge auf die Attraktivität der Unternehmen als Arbeitgeber haben können. Welche Chancen und Risiken bieten sie bei sich verknappendem Personalangebot? Dabei wird im Wesentlichen auf die Erfahrungen mit Beschäftigungssicherungstarifverträgen des Vivantes Konzerns zurückgegriffen. Aber auch die Ergebnisse der Beratung anderer Krankenhausträger im Umgang mit ihrem Beschäftigungssicherungstarifvertrag fließen in die Analyse ein.

Vivantes ist seit seiner Gründung im Jahre 2001 einem ständigen Wandel unterzogen worden. Aus 11 städtischen Krankenhäusern, die als nicht selbstständig rechtsfähige Krankenhausbetriebe der Berliner Stadtbezirke organisiert waren, und verschiedenen Senioreneinrichtungen wurde ein moderner, privatrechtlich organisierter Konzern mit 9 Krankenhäusern, 12 Seniorenheimen und diversen Tochtergesellschaften, der heute der größte kommunale Krankenhausträger in Deutschland ist, geformt. Dabei mussten auch massive wirtschaftliche Herausforderungen gemeistert werden. Seit 2004 wird die Restrukturierung ohne Unterbrechung durch Beschäftigungssicherungstarifverträge begleitet. Der aktuelle Tarifvertrag „Zukunft Vivantes" trat zum 1.1.2009 in Kraft und läuft bis zum 31.12.2016.

Wesentliche Elemente des Beschäftigungssicherungstarifvertrages sind

- der Ausschluss betriebsbedingter Kündigungen bis 2016,

- die Regelung der sozialen Auswahl von Personal nach Wegfall von Arbeitsplätzen,

- die Überleitung von Personal, deren Arbeitsplätze durch organisatorische Maßnahmen entfallen sind, in den so genannten Personalüberhang,

- die Implementierung einer so genannten Personalagentur zur internen Vermittlung von Personal aus dem Personalüberhang,

- Maßnahmen zur Verringerung des Personalüberhangs, wie z. B. Beschränkung von Überstunden, grundsätzlicher Freizeitausgleich bei Mehrarbeit, Förderung von Teilzeit, Sonderurlaub, vorzeitiges Ausscheiden in den (Vor-)Ruhestand etc.,

- Erhöhung der regelmäßigen Wochenarbeitszeit,

- die zeitversetzte Weitergabe von Tariferhöhungen,

- die befristete Absenkung tariflicher Sonderzahlungen,

- Verpflichtung des Unternehmens zur Prüfung des Insourcings von fremdvergebenen Arbeiten und der Schaffung neuer Geschäftsfelder,

- Regelungen für die Gründung von Tochtergesellschaften und

- der Mitwirkung des Betriebsrats an Projekten zur Restrukturierung des Unternehmens.

Die Chancen eines Beschäftigungssicherungstarifvertrags für die Positionierung des Unternehmens als attraktiver Arbeitgeber liegen auf der Hand: Die Sicherheit der Beschäftigung und damit der wirtschaftlichen Existenzgrundlage für mehrere Jahre wird von großen Teilen der Belegschaft als hoher Wert geschätzt und anerkannt. Die Verbundenheit mit dem Unternehmen wird gefestigt. Außerdem eröffnet die Verpflichtung, nach dem Wegfall des eigenen Arbeitsplatzes eine möglichst adäquate neue Aufgabe zu suchen, u. U. neue berufliche Perspektiven für das einzelne Belegschaftsmitglied.

Auch für neu eintretende Kräfte ist die Beschäftigungssicherung häufig interessant. Nach Ablauf der Probezeit kommen sie ebenfalls in den Genuss der Beschäftigungssicherung. Allerdings werden BewerberInnen sich schon überlegen, ob sie in ein Unternehmen wechseln, welches mit offensichtlichen Problemen kämpft, deren Dimension sie als Externe in der Regel nicht einschätzen können und das darüber hinaus – zumindest für mehrere Jahre – untertarifliche Vergütungen bietet. Für die Personalgewinnung ist die Beschäftigungssicherung daher eher ambivalent zu sehen.

Sowohl für interne als auch für externe Kräfte, die im Arbeitsmarkt stark nachgefragt sind, ist die Beschäftigungssicherung in der Regel nicht interessant. Sie können jederzeit andere Arbeitgeber finden, die bessere Arbeitsbedingungen bieten. Dieser Aspekt gewinnt umso mehr an Bedeutung, je länger ein Beschäftigungssicherungstarifvertrag läuft. Sind nachgefragte Fach- und Führungskräfte gegebenenfalls noch bereit, für einen überschaubaren Zeitraum im Marktvergleich schlechtere Arbeitsbedingungen zu akzeptieren, nimmt diese Bereitschaft, längerfristig Zugeständnisse zu machen, massiv ab. Das Unternehmen kann dann nur mit außertariflichen Zulagen reagieren, um solche Kräfte zu halten bzw. zu gewinnen.

Kritisch wird es, wenn ganze Berufsgruppen sich aus der Solidargemeinschaft des Beschäftigungssicherungspaktes herauslösen. So verfolgt zum Beispiel der Marburger Bund nach dem Verlassen der Tarifgemeinschaft mit Ver.di konsequent die Einzelinteressen der Ärzte. Die Knappheit der ärztlichen Ressourcen im Ganzen Bundesgebiet und darüber hinaus – insbesondere in speziellen Disziplinen wie z. B. Neuroradiologie, Radiologie und Pathologie – verschafft dem Marburger Bund eine gute Verhandlungsposition. Nach den Gesetzen der Marktwirtschaft richtet sich der Preis nach dem Angebot – und das ist nun einmal im ärztlichen Sektor knapp.

Der Marburger Bund ist dem TV „Zukunft Vivantes" nicht beigetreten und hat in den letzten Jahren bundesweit Einkommenssteigerungen durchgesetzt, die die gesamte Krankenhauslandschaft – unabhängig davon, ob die Krankenhäuser unter kommunaler, kirchlicher oder privater Trägerschaft betrieben werden – wirtschaftlich überfordert haben. Das Abkoppeln von der Solidargemeinschaft des Beschäftigungssicherungspaktes führt zu erkennbaren Spannungen in der Belegschaft. Diejenigen, die weiter untertarifliche Leistungen hinnehmen müssen, fragen nach der Gerechtigkeit der Lastenverteilung.

Es könnten durchaus andere sehr nachgefragte Berufsgruppen, wie zum Beispiel Intensivpflegekräfte oder operationstechnische Assistenten folgen und Forderungen nach Verbesserung der Arbeitsbedingungen stellen. Damit würde die Solidargemeinschaft weiter geschwächt und die positive Strahlkraft des Beschäftigungssicherungstarifvertrages weiter verblassen.

Eine relativ neue Entwicklung ist, dass Belegschaftsangehörige in die Teilzeit wechseln, um bei einem zweiten Arbeitgeber – zum Beispiel bei Leiharbeitsfirmen- zu für sie attraktiveren Konditionen zu arbeiten. Auch so wird die Solidargemeinschaft weiter verringert.

Eine Gruppe ist bisher noch gar nicht beleuchtet worden – die der außertariflich Beschäftigten. Aus wirtschaftlichen und aus Gerechtigkeitsgründen wird von Unternehmens- und Gewerkschaftsseite verlangt, diesen Kreis ebenfalls in die Beschäftigungssicherung einzubeziehen. Das ist rechtlich und tatsächlich aber keineswegs einfach.

Mangels Tarifbindung müssen einzelvertragliche Regelungen gefunden oder Änderungskündigungen ausgesprochen werden. Für Letztere hat die Rechtsprechung des Bundesarbeitsgerichts sehr hohe Hürden aufgestellt. Nur bei einer nachweisbaren Existenzgefährdung durch die Fortzahlung der vertraglich vereinbarten Bezüge ist eine einseitige Senkung denkbar. Da die außertariflich Beschäftigten in der Regel einen eher kleinen Teil der Gesamtbelegschaft darstellen, dürfte eine solche Existenzgefährdung auch in den Fällen, in denen ein Sanierungstarifvertrag geschlossen wird, nur ausnahmsweise gerichtsfest dargelegt werden können. Damit ist das Unternehmen auf die Überzeugungskraft seiner Argumente und sein Verhandlungsgeschick angewiesen.

Im außertariflichen Bereich finden sich aber häufig diejenigen Fach- und Führungskräfte, die im Markt gesucht sind. Es sind leitende Ober- und Chefärzte, Verwaltungsspezialisten wie zum Beispiel im IT- oder Controllingbereich und ManagerInnen, die gerade im Sanierungsfall dringend gebraucht werden. Auch hier zeigt die Erfahrung, dass Verschlechterungen der Arbeitsbedingungen allenfalls für einen eng begrenzten Zeitraum akzeptiert werden.

Damit kommen wir zur grundsätzlichen Frage der wünschenswerten Laufzeit eines Beschäftigungssicherungstarifvertrages. Schon das mit zunehmendem Zeitablauf schwierigere Zusammenhalten der Solidargemeinschaft spricht für eine begrenzte Laufzeit. Aber auch die Erschwerung oder gar Behinderung der Restrukturierung durch die Verpflichtung zur Weiterbeschäftigung von Belegschaftsmitgliedern, deren Arbeitsplatz entfällt, spricht für eine überschaubare Laufzeit eines Beschäftigungssicherungstarifvertrages.

Da betriebsbedingte Entlassungen/Kündigungen ausgeschlossen sind, muss für das vom Arbeitsplatzwegfall betroffene Personal eine neue Aufgabe gefunden werden, soweit ein Vorruhestand oder ein Ausscheiden gegen Abfindung nicht möglich ist. Wenn erhebliche Restrukturierungen umgesetzt werden, entfällt auch eine Vielzahl von Arbeitsplätzen. Das betroffene Personal drängt auf den internen Arbeitsmarkt.

Bei Vivantes sind seit dem Jahr 2004 knapp 1000 Beschäftigte im so genannten Personalüberhang aufgenommen worden. Für die Mehrzahl von Ihnen konnte im Konzern eine neue Aufgabe gefunden werden. Diese interne Vermittlung ist eine ganz besondere Leistung aller Beteiligten. Flexible MitarbeiterInnen sahen die Auswahl und das Zuordnen zum Überhang als Chance, etwas Neues anzugehen und haben sich neue Betätigungsfelder erfolgreich erschlossen. Es wurden aber auch die Grenzen des Möglichen sichtbar.

Weil die arbeitsvertraglich vereinbarte Vergütung in jedem Fall unabhängig von einem vertragsgemäßen Einsatz weiter läuft, müssen bei dem Abgleich von Anforderungen des neuen, vakanten Arbeitsplatzes und dem Qualifikationsprofil von Überhangskräften Kompromisse eingegangen werden, um überhaupt eine sinnvolle Beschäftigung finden zu können und für die Vergütung eine Gegenleistung zu bekommen. Außerdem werden die Betroffenen und der Betriebsrat darauf drängen, dass Überhangkräfte auf freie Stellen gesetzt werden und externen Lösungen, die eine qualitativ optimale Personalbesetzung gewährleistet hätten, im Zweifelsfall widersprechen. Suboptimale Einsätze in Aufgabenstellungen, die von den Beteiligten häufiger eher als „Notlösung" gesehen werden, werden danach in Hinblick auf den gefundenen Kompromiss tendenziell hingenommen.

Das ist von den Parteien des Beschäftigungssicherungstarifvertrages gesehen und akzeptiert worden, führt aber im Laufe der Zeit zu einer Schwächung der Leistungsfähigkeit der Organisation.

In vielen Fällen konnte und musste aber auch von der Möglichkeit eines vorzeitigen Ruhestandes Gebrauch gemacht werden. Dafür waren von Seiten des Unternehmens erhebliche finanzielle Mittel zur Verfügung zu stellen, die an anderer Stelle – z. B. im Bereich der Investitionen – schmerzhaft vermisst wurden und kontraproduktiv zur Sanierung waren. Obwohl viele Beschäftigte in den Vorruhestand wechselten, stieg das Durchschnittsalter der Belegschaft von Vivantes über die Jahre weiter an. Gerade die jüngeren Jahrgänge sind in der Belegschaft unterproportional vertreten. Das muss nicht zwingend zu Problemen in der Gegenwart führen, wird aber in der Zukunft neue Herausforderungen für das Management verursachen, weil z. B. eine größere Welle des Eintritts in den Ruhestand die Notwendigkeit eines massiven Wissenstransfers in kurzer Zeit verursachen wird. Schon während der aktuellen Restrukturierungsphase wird damit der Nukleus für künftige Probleme geschaffen.

Festzustellen ist in vielen Krankenhäusern eine lange Betriebszugehörigkeit, die dazu führt, dass erhebliche Teile der Belegschaft in den Genuss eines besonderen tariflichen Kündigungsschutzes kommen, der eine ordentliche Kündigung zum Beispiel im Bereich des TVöD nach Vollendung des 40. Lebensjahres und nach Überschreitung von 15 Jahren Betriebszugehörigkeit im Tarifgebiet West ausschließt. Im Bewusstsein der Belegschaft scheint nun durch die Beschäftigungssicherung und den Ausschluss der ordentlichen Kündigung für einen wesentlichen Anteil die Annahme gefördert worden zu sein, „unangreifbar" zu sein.

Die gefühlte „Unangreifbarkeit" führt dazu, dass zumindest ein kleiner Teil der Belegschaft wenig motiviert erscheint, sich notwendigen Anpassungen zu unterziehen, Veränderungsbereitschaft zu zeigen, ihr Leistungspotenzial auszuschöpfen und zu Gunsten des Unternehmens voll einzusetzen. Insbesondere ist auffällig, dass manche Belegschaftsmitglieder unter Hinweis auf ihr fortgeschrittenes Lebensalter meinen, notwendige Qualifizierungsmaßnahmen nicht mehr durchlaufen zu können und zu müssen. Im Laufe der Zeit macht sich so ein Stück Demotivation breit.

Die bisherigen Ausführungen zeigen, dass Beschäftigungssicherungstarifverträge bei langer Laufzeit zunehmend auch Risiken aufweisen, die die Chancen relativieren können. Durch welche Maßnahmen könnte dem entgegen gewirkt werden?

Neben einer zeitlich deutlich begrenzten Laufzeit sollten im Beschäftigungssicherungstarifvertrag konkrete, messbare Sanierungsziele definiert werden, die es gemeinsam zu erreichen gilt. Hierzu bieten sich gängige betriebswirtschaftliche Kenngrößen, wie zum Beispiel das EBITDA, die Umsatzrendite bzw. der Kostendeckungsgrad, die Personal- und Sachkostenquote, die angestrebt werden, an. Es könnten auch Marktanteile, Umsatz je Vollkraft, organisatorische Ziele etc. festgelegt werden.

Wichtig ist auch das Aufführen von Zwischenzielen (Meilensteinen), damit in regelmäßigen Abständen eine Zwischenbilanz gezogen werden kann, die auch kommuniziert wird. Damit wird Einigkeit über die Dimension der vorzunehmenden Sanierungsmaßnahmen dokumentiert.

Es ist eine Selbstverständlichkeit, soll der Vollständigkeit halber aber nicht unerwähnt bleiben, dass die Sanierungsphase durch ein transparentes Sanierungscontrolling begleitet werden muss, welches die erreichten Fortschritte dokumentiert, den noch zurückzulegenden Weg bis zur Zielerreichung aufzeigt und eine angemessene Feinsteuerung der Sanierung ermöglicht.

Zur Sicherung des dauerhaften Erfolgs der Sanierung sollte neben den unternehmenspolitischen Zielen eine Sollstruktur der Belegschaft definiert werden, die als strategische und strukturelle Leitlinie die Phasen der Sanierung und des Umbaus der Personalstruktur flankiert. Diese Sollstruktur – nach Berufsgruppen, Organisationseinheiten und Kostenstrukturen differenziert – kann einen wesentlichen Beitrag zur Vermeidung von Fehlentwicklungen leisten. Bekannte Bespiele für genau diese Fehlentwicklungen gibt es bei durchaus renommierten Großunternehmen, wo bestimmte Berufsgruppen – offensichtlich planlos oder mit Fehlplanungen hinterlegt – soweit abgebaut wurden, dass eine Mangelsituation entstand und eilig vom Markt – natürlich zu aktuellen Marktkonditionen – neues Personal eingestellt werden musste.

Die Chance, die ein Sanierungstarifvertrag dem Unternehmen bietet, ist kurzfristig einen Teil des Personalaufwands einzusparen und so finanziellen Frei- und Handlungsspielraum zu schaffen. Die Gefahr, die damit verbunden ist, liegt darin, dass zu schnell „Entwarnung" gegeben oder –

besser noch – gefühlt wird. Notwendige, harte Sanierungsschritte werden dann verschoben oder nicht realisiert, weil sie naturgemäß auf alle möglichen Widerstände stoßen würden. Nur so lässt sich erklären, dass Sanierungstarifverträge bei einigen Krankenhausträgern über viele Jahre laufen, ohne dass die Notwendigkeit weiterer Sanierungsbemühungen entfällt. Sanierungstarifverträge sollten daher grundsätzlich auch deshalb eine überschaubare Laufzeit haben, um den Handlungs- und Umsetzungsdruck aufrecht zu erhalten. In der Regel sollten 2 bis 3 Jahre ausreichend sein, um alle notwendigen Maßnahmen konzipieren und realisieren zu können.

Um der aufgezeigten Gefahr der Schwächung der Leistungsfähigkeit der Organisation durch suboptimale Stellenbesetzungen entgegen zu wirken, sollte als Alternative zur Beschäftigungssicherung durch den Zwang zur internen Stellenvermittlung ein kontrollierter Transfer auf den externen Arbeitsmarkt vorgesehen werden, wenn eine sinnvolle Beschäftigung im Unternehmen auf Dauer selbst bei Ausschöpfung aller zumutbarer Qualifizierungsmaßnahmen als nicht möglich erscheint.

An die Stelle einer externen Transfergesellschaft könnte die interne Transferfunktion treten. Dem Interesse der Beschäftigten könnte dadurch Rechnung getragen werden, dass eine Kündigung erst nach Ablauf des Beschäftigungssicherungstarifvertrags wirksam werden kann, wie das schon heute einige Tarifverträge festlegen. Ergänzt werden sollte das Paket durch Abfindungen und Übergangsleistungen. Diese könnten zum Beispiel darin bestehen, dass Beschäftigte im Wege der Gestellung unter Aufrechterhaltung des bisherigen Arbeitsverhältnisses bis zum Auslauf des Beschäftigungstarifvertrags beim neuen Arbeitgeber eingesetzt werden.

Ergänzend sollten Regelungen zur Lösung eines möglichen Konflikts zwischen interner und externer Stellenbesetzung vorgesehen werden. Zum Beispiel könnte unter anderem, eine bestimmte Anzahl von Arbeitsplätzen pauschal für die externe Besetzung freigegeben werden, damit die Belegschaft neue Impulse bekommen kann. Zusätzlich könnten wichtige Schlüsselpositionen definiert werden, für die in jedem Fall die optimale Übereinstimmung von Stellen- und Kandidatenprofil vorrangige Priorität hat.

Der angesprochenen Demotivation durch die Beschäftigungssicherung und der Flucht aus der Solidargemeinschaft könnte durch eine Beteiligung der Belegschaft an dem angestrebten Unternehmenserfolg entgegen gewirkt werden. Das kann z. B. durch eine Erfolgsbeteiligung, die auf der Basis des erzielten Gewinns ermittelt wird, oder durch Beteiligung an dem Unternehmen – zum Beispiel bei einer kommunalen Aktiengesellschaft durch Ausgabe von Belegschaftsaktien – erfolgen. Der

„Tarifvertrag zur Zukunftssicherung der Krankenhäuser" sieht als Option so genannte Genussrechte vor, in die tarifliche Ansprüche umgewandelt werden können. Varianten der Beteiligung der Belegschaft am künftigen Unternehmenserfolg sind vielfältig vorstellbar. Aus personalpolitischer Sicht ist nur wichtig, ein Angebot zu finden, das die Umsetzung des Sanierungstarifvertrages auch für die Belegschaft als konkrete Chance für jeden einzelnen Beschäftigten erlebbar macht.

Zum Schluss der Betrachtungen soll noch die Frage der Verlängerung eines Sanierungstarifvertrages über die vereinbarte Laufzeit hinaus beleuchtet werden. Die Chancen eines optimal gestalteten Sanierungstarifvertrages bestehen in der kurzfristig wirksamen Einräumung des zum Fortbestand des Unternehmens notwendigen finanziellen Handlungsspielraums, der Beschäftigungssicherung für die Belegschaft, klar definierter Sanierungsziele mit Erkennbarkeit der daraus resultierenden Handlungsnotwendigkeiten und der gemeinsamen Teilhabe am künftigen Unternehmenserfolg von Krankenhausträger und Belegschaft. Dem stehen erhebliche Risiken gegenüber: Für extern gesuchte neue Mitarbeiter – insbesondere für nachgefragte Berufsgruppen – ist das in der Sanierung befindliche Unternehmen ein begrenzt attraktiver Arbeitgeber. Mit zunehmender Laufzeit des Sanierungstarifvertrages wird die Solidargemeinschaft darüber hinaus immer schwerer zusammen zu halten sein und Spannungen in der Belegschaft tendenziell zunehmen. Die Leistungsfähigkeit der Belegschaft wird durch den Zwang zu zum Teil suboptimalen internen Stellenbesetzungen reduziert. Die Zunahme des Durchschnittsalters kann künftige Probleme fördern. Langfristige finanzielle Zugeständnisse ohne eine Absehbarkeit von deren Ende mindern schließlich die Motivation der Belegschaft. Diese Risiken sollten nur für einen begrenzten Zeitraum in Kauf genommen werden, wenn das Unternehmen sich im Markt als attraktiver Arbeitgeber mit einer leistungsfähigen und motivierten Belegschaft positionieren möchte. Das spricht grundsätzlich gegen eine Verlängerung des Sanierungstarifvertrages.

Dagegen spricht auch, dass innerhalb von 2 bis 3 Jahren final festzustellen sein müsste, über welche wirtschaftliche Leistungsfähigkeit das Unternehmen nach Umsetzung aller identifizierten Sanierungsmaßnahmen verfügt und welche Arbeitsbedingungen es seiner Belegschaft dauerhaft gewähren kann. Nur wenn noch ganz konkrete Sanierungsmaßnahmen eine weitere Steigerung der Wirtschaftskraft des Unternehmens versprechen, ließe sich eine Verlängerung des Sanierungstarifvertrages personalpolitisch rechtfertigen. Sind solche Maßnahmen nicht mehr erkennbar, müssen die Arbeits- und sonstigen Rahmenbedingungen auf die am Ende der Laufzeit des Sanierungstarifvertrages festzustellende wirtschaftliche Leistungsfähigkeit abgestimmt werden. Mittel der Wahl sollten dann also nicht die Verlängerung des Sanierungstarifvertrages sondern an der Leistungsfähigkeit des Unternehmens und den Marktbedingungen ausgerichtete Anpassungstarifverträge sein, die auf der einen Seite den dauerhaften Fortbestand des Unternehmens gewährleisten, auf der anderen Seite aber auch die Attraktivität als Arbeitgeber für die einzelnen Berufsgruppen sichern.

Außertarifliche Verträge für Ärztinnen und Ärzte

Prof. Dr. Axel Ekkernkamp

Abstract: Trotz stabiler Zahlen an Studienabsolventen, zusätzlicher Angebote deutschsprachiger Medizinerausbildung in Ungarn, Tschechien und Polen, einer deutlich gestiegenen Rate an berufstätigen Ärztinnen und Ärzten in allen Bereichen, war in den vergangenen fünf Jahren ein relativer oder gefühlter Ärztemangel zu konstatieren. Über Hintergründe wird kontrovers diskutiert, möglicherweise spielen geografische Fehlverteilungen und die iatrogen herbeigeführte Spezialisierung auf Facharztebene die Hauptrolle.

Dem Marburger Bund ist es durch die Schwerpunktverlagerung vom Verband hin zur Gewerkschaft gelungen, diese gesamtgesellschaftlich als misslich empfundene Mangelsituation zu nutzen, arztspezifische Tarifverträge zu entwickeln, die Arbeitsbedingungen für Ärztinnen und Ärzte in den Krankenhäusern, bei der Bundeswehr und dem öffentlichen Dienst zu verbessern und die Ärzteschaft selbst für Vertrags- und Vergütungsstrukturen in den unterschiedlichen Segmenten ärztlichen Einsatzes zu interessieren.

Im Folgenden sollen Motivations- und Anreizsysteme, konkret auch das Instrument des außertariflichen Vertrages beleuchtet werden.

1 Ausgangslage

Die Grundsätze „ambulant vor stationär", die Versorgung der Bevölkerung durch niedergelassene Vertragsärzte und nur im Besonderen Bedarfsfall durch das Krankenhaus, führte über Jahre zu einer klaren Aufgabenteilung innerhalb der Ärzteschaft.

Die Majorität der Fachärzte war niedergelassen, die Minorität in Chef- und Oberarztpositionen, die Krankenhaus-Assistenten befanden sich regelhaft in Weiterbildung.

Die Rahmenbedingungen in den Kliniken für die überschaubare Zeit der Weiterbildung spielten eine untergeordnete Rolle, das Karriereziel war nach fünf- oder sechsjähriger Tätigkeit im Krankenhaus erreicht, die Facharztanerkennung wurde regelhaft mit Kauf oder Übernahme einer Vertragsarztpraxis verbunden.

Die Vergütungsanreize im Krankenhaus folgten schon in den 70-er Jahren marktwirtschaftlichen Spielregeln; nicht selten wird von ehemaligen Medizinalassistenten berichtet, dass sie in jungem Alter, allerdings in weniger attraktiven Arbeitsregionen doppelte oder dreifache Monatsvergütungen erhalten hätten. Über eine Reaktivierung dieser Verfahrensweise wird aktuell im Bundesland Brandenburg nachgedacht (Elbe-Elster-Kreis Dezember 2010).

Noch Mitte der 90er Jahre galt unser berufspolitisches Streben der Schaffung des „Lebensarbeitsplatzes Krankenhaus", den man deutlich attraktiver als in der Vergangenheit gestalten wollte.

Seit dem Ärztetag von Travemünde wurde über das kollegiale Chefarztsystem diskutiert, über Departments und Spezialabteilungen sollten Fachärzte dauerhaft an das Krankenhaus gebunden werden.

2 Uniforme Tarife

Die Vergütungsregelungen entsprachen (flächen-)tariflich festgelegten Vereinbarungen, im öffentlichen Bereich basierend auf dem BAT, bei der Kirche auf speziellen Regelungen des AVR.

Persönliche Erfahrungen liegen aus den Jahren 1988 bis 1992 vor, als ÖTV, DAG, Marburger Bund und GGVöD mit den öffentlichen Arbeitgebern um die Gehälter im öffentlichen Dienst einschließlich Gesundheitswesen verhandelt haben.

Die bestbesuchte Veranstaltung des Hauptstadtkongresses 1998 befasste sich mit der Frage, ob Krankenhausmedizin auch ohne Anwendung des BAT denkbar und zukunftsfest betrieben werden könnte, was von Experten bezweifelt wurde.

3 Der Wandel

Das Unfallkrankenhaus Berlin (ukb) hatte im September 1997 den Betrieb aufgenommen, von vornherein wurde auf den Beitritt zur VBL verzichtet, angestrebt wurde ein Haustarifvertrag, hilfsweise wurde vom BAT-Ost Gebrauch gemacht.

Damit bewies ein Krankenhaus in der gemeinsamen Trägerschaft des Landes Berlin und der gewerblichen Berufsgenossenschaften, dass man auch außerhalb der Privatwirtschaft Vergütungsvereinbarungen treffen konnte, die von den Beschäftigten aller Berufsgruppen akzeptiert wurden.

Wesentlicher Bestandteil des von Marburger Bund und Ver.di „gefeierten" Tarifvertrages im Sommer 2002 war die Leistungsorientierung, die im besten Fall zu Einkommens-Verbesserungen bis zu 12,8 % führen konnte. Über die Zeit allerdings wurde deutlich, dass regelmäßige und komplizierte Beurteilungen durch Vorgesetzte schlanken Abläufen im Wege stehen.

Erst im Kalenderjahr 2010 hat die Ärzteschaft des ukb den Haustarifvertrag verlassen, umgestellt wurde auf einen Arzt-spezifischen Tarifvertrag mit klassischer Einteilung in Erfahrungsstufen und erstmalig bei derartigen Verträgen, die regelhaft mit dem Verzicht auf alle Sonderzulagen einhergehen, der Gewährung eines Kindergeldes in Höhe von 88,88 Euro, um – neben einer Reihe anderer besonderer Signale wie dem Betreiben eines mehrsprachigen Kulturkindergartens – auch finanziell die familiengerechte Ausrichtung des Krankenhauses zu unterstreichen.

Die sonst übliche Frage, wie Leistungsträger zu motivieren sind, nach Erlangung komplizierter und besonderer Kenntnisse und Erfahrungen den Arbeitsplatz Krankenhaus möglichst nicht zu verlassen, stellte sich im Unfallkrankenhaus Berlin zunächst nicht. Das Durchschnittsalter aller Beschäftigten einschließlich der Verwaltungsangestellten betrug 1997 30,5 Jahre. Vereinbart wurde ein möglichst engagiertes Arbeiten in allen Berufsgruppen, das moderne Krankenhaus mit perfekter Ausstattung am östlichen Rand der Bundeshauptstadt sollte auch der Qualifizierung dienen, moderne Technik sollte mit wissensdurstigen Ärztinnen und Ärzten angewandt werden.

Eine Tätigkeit bis zur Berentung wurde – mit Ausnahme der Chefarztetage – in keinem Bereich angestrebt.

Gut zehn Jahre später hat sich die Perspektive in Teilen verändert: Krankenhausträger, Klinikdirektoren und Oberärzte wünschen sich attraktiv ausgestaltete Lebensarbeitsplätze für solche Leistungsträger, die ihre besondere fachliche Kompetenz, den regional und überregionalen Bekanntheitsgrad, die individuelle Kommunikationsfähigkeit mit einweisenden Ärzten und Kostenträgern, Forschungskompetenz und -erfahrung dem Krankenhaus bis zum Renteneintritt zur Verfügung stellen wollen.

Personalabteilung und Krankenhausleitung hatten zu entscheiden, welche Anreize gesetzt werden sollten. Rasch wurde über außertarifliche Verträge diskutiert, sie sind im ukb bisher Abteilungsleitern der Administration, Klinikdirektoren, Chefärzten und nicht kurativ tätigen Kolleginnen und Kollegen vorbehalten.

Auch Ärztinnen und Ärzte in Teilzeit oder mit besonderen Aufgaben versehene Kollegen, die nicht am regulären Betrieb, sondern ausschließlich an Bereitschaftsdiensten teilnehmen, erhalten außertarifliche Verträge.

4 ZV contra AT–Verträge

Bundesweit in aller Munde sind Zielvereinbarungen, die mit Chef- und Oberärzten, aber auch mit nichtärztlichen Leitern medizinischer Fachabteilungen (z. B. Physikalische Therapie) abgeschlossen werden können.

Über Zielvereinbarungen können Mitarbeiterinnen und Mitarbeiter längerfristig motiviert werden; die Prozeduren allerdings sind im Alltag schleppend und weisen zahlreiche Parallelen zu den aus ukb-Sicht überholten komplexen Leistungsbeurteilungen auf.

Werden die Ziele zu allgemein gehalten, die zu überspringenden Latten zu hoch oder zu niedrig gelegt, wird die gewünschte Wirkung verfehlt. Sind die Ziele individuell erarbeitet und vereinbart, bedarf es regelmäßiger Zwischenprüfungen, intensiver Einzelfallbetrachtung, Nachjustierungen, dem Finden neuer Ziele; der bürokratische Aufwand ist groß, zu viele Personen sind an dem Prozess beteiligt, Vereinbarungen des Einzelfalls sprechen sich herum, Diskussionen über gerechte Verteilung öffentlicher Gelder und Missgunst lähmen den Betrieb oder führen zu nichtbezahlbaren Anreizspiralen.

Die Sinnhaftigkeit, mit Chefärzten außertarifliche Verträge abzuschließen, ist zahlreich belegt, frühere Fehleinschätzungen, AT-Verträge würden die Position des Leitenden Angestellten implizieren, sind überholt. Zu fokussieren ist also auf die Ebene der Oberärztinnen und Oberärzte bezogen auf Zielvereinbarungen, außertarifliche Verträge oder andere Anreizsysteme.

Ein nicht zu unterschätzendes Problem von Zielvereinbarungen besteht in der schlecht beeinflussbaren Erreichbarkeit. Differieren die mit dem Chefarzt vereinbarten Ziele von denen des leitenden Oberarztes, hat einer das Nachsehen; sind die Ziele identisch, können sie auch nur kollektiv erreicht werden, der eine ist von dem anderen abhängig, im Regelfall stellt dies kein Problem dar, leider bestätigen Ausnahmen die Regel?!

Arbeitnehmer und Arbeitgeber sind zum Stillschweigen über individuelle vertragliche Vereinbarungen verpflichtet; daher kann bezogen auf das ukb nur festgestellt werden, dass man auf das Angebot außertariflicher Verträge für Oberärztinnen und Oberärzte in der Vergangenheit verzichtet, sehr wohl aber – insbesondere in Zeiten des Haustarifvertrages – individuelle außertarifliche Anreize unter Bezug auf den gültigen Tarif gefunden hat.

Natürlich hat man sich auch im ukb die üblichen Fragen gestellt: Sollen leitende Ärztinnen und Ärzte zu leitenden Angestellten befördert werden, hätten außertarifliche Verträge positive Auswirkungen auf die flexible Anwendung der Arbeitszeitgestaltung, was in einem Krankenhaus mit elektronischer Zeiterfassung von großer Bedeutung ist, macht es Sinn, das Mitspracherecht des Betriebsrates auf diesen Feldern zu beschränken?

In allen genannten Punkten haben sich Geschäftsführung und Kaufmännische Direktion dagegen ausgesprochen.

Gepflegt wird eine vertrauensvolle und kooperative Zusammenarbeit zwischen Arbeitgeber und Betriebsrat, das Beschneiden von Mitbestimmungsrechten im Kleinen erschwert die Zusammenarbeit im Großen. Die Personalhoheit bleibt beim Arbeitgeber.

5 Die neuen Vergütungstabellen

Die Vereinbarungen mit dem Marburger Bund im Februar 2010 haben auf Wunsch der Ärztegewerkschaft zu neuen „Tarifkästchen" geführt, in denen anstelle einer konkreten Vergütungssumme die Buchstaben AT aufgeführt sind.

So stellt sich neuerlich und ganz aktuell die Frage, wen soll man wann mit welcher Art von außertariflichen Verträgen versehen.

Da die Vereinbarungen so getroffen worden sind, können die Tarifparteien die Nutzung von AT-Verträgen nicht grundsätzlich negieren, die wesentlichen Argumente sind also zu beleuchten.

Es wäre unrealistisch zu glauben, dass die im ukb Anfang des Jahres 2010 sehr breite Zustimmung zu den aktuellen tariflichen Vereinbarungen und Freude über die adäquate Vergütung ärztlicher Tätigkeit dauerhaft anhalten wird. Allzu menschlich ist der regelmäßige Vergleich von Qualifikation, Leistung und Vergütung mit anderen Krankenhausärzten, mit Kolleginnen und Kollegen in Praxen, MVZ, im öffentlichen Gesundheitswesen und im Ausland.

Insoweit wird es mittelfristig im Einzelfall wiederum motivationsfördernder Maßnahmen bedürfen, diese können in der Schaffung besonderer Freiräume, in der Unterstützung bei berufspolitischen und nebenberuflichen Aktivitäten, in der Schaffung herausgehobener Positionen (leitender Arzt, leitender Oberarzt, stellvertretender Direktor, Zentrumsleiter) und in außertariflichen Zulagen bestehen.

Die konkrete Entscheidung ist hoch individuell und – angesichts der begrenzten Ressourcen öffentlicher Krankenhäuser – dem Ausnahmefall vorbehalten. Auch würden tarifliche Vereinbarungen, besonders auf aktuell sehr hohem Niveau, wenig Sinn machen, wenn sie regelhaft verzerrt werden würden.

Im Wettbewerb zwischen dem Abschluss außertariflicher Verträge und tariflichen Regelungen mit außertariflichen Zulagen muss Maßstab der Beurteilung sein, ob man die über Jahre bewährten und regelmäßig aus Sicht des Arbeitnehmers verbesserten und aus Sicht aller Beteiligten ausgereiften tarifvertraglichen Regelungen für gut oder für deutlich verbesserungswürdig hält.

Der Autor dieser Zeilen ist von den Verhandlungsergebnissen des Marburger Bundes mit Krankenhausträgern überzeugt, Ärztinnen und Ärzte im Krankenhaus sind bezogen auf die berufstypischen Risiken wie Haftpflicht, Lohnfortzahlung im Krankheitsfall, Unterstützung bei Fortbildungen etc. vorbildlich abgesichert.

Außertarifliche Verträge bedingen einzelvertragliche Vereinbarungen, welche wiederum ständiger Überprüfung bedürfen.

6   Risiken

Schließlich eröffnet das Angebot des außertariflichen Vertrages dem Arbeitgeber grundsätzlich Möglichkeiten, die tarifvertragliche Vereinbarungen nicht zulassen würden. Die im Nachwuchsbereich glücklicherweise überholte, im Spezialistensegment aber noch über Jahre andauernde Mangelsituation auf dem ärztlichen Arbeitsmarkt suggeriert den Kolleginnen und Kollegen ein besonderes Selbstbewusstsein, das generell gerechtfertigt sein mag, im Einzelfall aber nicht zutreffen muss.

Warum soll der Arbeitgeber den 58jährigen, nur noch mäßig fortbildungswilligen, eingeschränkt motivierten und von Zeit zu Zeit arbeitsunfähigen Oberarzt nicht vor die Wahl stellen, seine weitere Anwesenheit mit deutlich abgesenktem Einkommen zu akzeptieren oder auszuscheiden. Die Vergütung in außertariflichen Verträgen ist frei verhandelbar, die Positionierung der Spalte AT am Ende der jeweiligen Einkommensskala suggeriert – nicht immer garantiert – eine gegenüber dem Tarif höhere Vergütung.

Die Interessensdifferenz zwischen dem Krankenhaus, das den ärztlichen Leistungsträger in einer bestimmten Lebensalterstufe nicht verlieren möchte und der des Krankenhausträgers, der häufig mit Hilfe des Chefarztes auf die Dienste eines älteren Mitarbeiters lieber heute als morgen verzichten würde, könnte größer nicht sein.

7 Fazit

Tarifliche Regelungen sind durchdacht, schützen alle Beteiligten, vermeiden böse Überraschungen auf allen Seiten. Auch der Risikobereite sollte sich den Abschluss eines AT-Vertrages mit seinem Krankenhausträger gut überlegen, seine Familie in diese Überlegungen mit einbeziehen und sich vor Abschluss eines AT-Vertrages fachmännisch beraten lassen.

Diese Auffassung wird von Betroffenen, von Vertretern der Berufsverbände und vom Marburger Bund geteilt.

Der Berufsverband der Deutschen Chirurgen hat im Mai 2010 zur Teilnahme an einer anonymisierten Online-Umfrage aufgerufen, eingegangen sind mehr als 800 Antworten, die noch nicht publiziert sind.

Sicherlich darf man das Instrument des außertariflichen Vertrages für Oberärztinnen und Oberärzte außerhalb der tarifvertraglich vereinbarten Tabellen noch nicht als gescheitert ansehen, als Erfolgsinstrument ohne weitere Stellschrauben ist der AT-Vertrag aber (bisher) nicht geeignet.

Betriebliche Altersversorgung: Win-Win-Situation für Arbeitgeber und Arbeitnehmer

Hans-Joachim Funk

Der Kostendruck nimmt immer mehr zu, auch die Unternehmen der Gesundheitswirtschaft müssen wie alle anderen Unternehmen wirtschaftlich arbeiten.

Parallel kämpfen die Unternehmen der Gesundheitswirtschaft mit sinkenden Bewerberzahlen, älter werdenden Belegschaften und einem steigenden Leistungsvolumen.

Kostensenkung bei gleichzeitiger Personalgewinnung bzw. -bindung – so lautet die zukünftige Herausforderung der Arbeitgeber und deren Personalabteilungen der Gesundheitswirtschaft!

Das Augenmerk liegt hierbei im Bereich der „Betrieblichen Altersversorgung" (bAV), da ein großer Anteil der Personalkosten des Krankenhaus-Budgets in die bAV fließt. Diese wird in den meisten Personalabteilungen der Krankenhäuser gleichgesetzt mit der öffentlichen und kirchlichen Zusatzversorgung. Dies ist das bekannte System zur Unterstützung und zum Aufbau einer Altersversorgung. Der Grund für das meist ungünstige Preis-/Leistungsverhältnis der bisherigen Altersversorgung liegt im System der Umlagefinanzierung. Da das System auf Bevölkerungs- und Einkommenswachstum angewiesen ist um zu funktionieren, muss es zwangsläufig versagen, wenn diese Parameter nicht erfüllt werden (steigende Beiträge bei sinkenden Leistungen). Da es auf Grund der angeführten Gründe jedoch bekannt ist, dass dieses System den Ansprüchen moderner Altersvorsorge nicht mehr gerecht werden kann, wird es auch nicht als attraktives Tool zur Mitarbeiterbindung genutzt.

In keinster Weise möchte ich in Abrede stellen, dass die öffentliche und kirchliche Zusatzversorgung eine Grundlage darstellt. Jedoch geht es mir vielmehr darum, wie man für alle Beteiligten, d. h. Arbeitgeber und Arbeitnehmer, eine „Win-Win-Situation" im Rahmen eines Versorgungswerkes herstellen kann!

Die betriebliche Altersvorsorge mit ihren fünf unterschiedlichen Förderwegen ist nämlich zielgruppenspezifisch anwendbar und als innovatives Motivationstool einsetzbar.

Für alle Zielgruppen einer breitgefächerten Belegschaft gibt es Altersvorsorgekonzepte bzw. Möglichkeiten der staatlichen Förderung im Rahmen der betrieblichen Altersvorsorge:

Für Teilzeitarbeitskräfte und Angestellte in Vollzeit bietet sich z. B. die verwaltungsarme, insolvenzsichere Förderung über die Direktversicherung in einer Höhe von bis zu 2640 EUR (plus ggf. 1800 EUR) steuer-und sozialversicherungsfrei in 2011 an. Oberärzte, Chefärzte sowie Mitglieder der Geschäftsleitung sind in den meisten Fällen durch eine Unterstützungskasse bestens versorgt, da diese keine Beitragshöchstgrenzen kennt und somit eine hohe Dotierung zulässt.

Selbstverständlich sollte man in der individuellen, ganzheitlichen Betrachtung eines Versorgungswerkes auch die Förderungen der Direktzusage sowie der privaten Altersvorsorge, d. h. der Riester- und Rürupförderung in Betracht ziehen, um höchst mögliche Vorteile für alle Beteiligten zu erlangen.

Ein weiterer Baustein eines modernen Versorgungswerkes im Hinblick auf die „Work-Life-Balance" sollte die Einführung von Zeitwertkonten sein. Dieses sind „Konten", die durch Überstunden „bespart" werden können und dann in Form von Freistellungszeiten z. B. für Elternzeit, Sabbatical oder auch für den vorzeitigen Ruhestand „ausgezahlt" werden.

Um eine wirkliche Chance zum Aufbau einer ausreichenden Altersabsicherung zu gewährleisten und um Wechselwirkung mit den Arbeitgeberbeiträgen der Zusatzversorgungskassen auszuschließen, sollten sich daher moderne Arbeitgeber dazu entschließen, weitere Anbieter zuzulassen und den Weg der Entgeltumwandlung für ihre Arbeitnehmer zu ermöglichen.

Die Vorteile der Entgeltumwandlung formuliert ein aktueller Ratgeber der Verbraucherzentrale so: „Stellen Sie sich vor, der Staat schießt regelmäßig die Hälfte zur Altersversorgung zu, und die Empfänger winken dankend ab. Kann nicht sein? Doch! Es handelt sich um die betriebliche Altersversorgung (bAV). (…) Denn Tatsache ist, dass die „Betriebliche" die am stärksten geförderte Altersversorgung überhaupt ist. (…) Betriebsrenten lohnen sich – auch für den Betrieb. Sie sind wesentlich billiger als Lohnerhöhungen und am Ende kommt beim Arbeitnehmer mehr an. Die einfache Überlegung: Soll ein Mitarbeiter brutto 1000 EUR mehr pro Jahr erhalten, so kostet dies den Arbeitgeber durch die Lohnnebenkosten effektiv rund 1300 EUR. Beim Arbeitgeber kommen aber wegen der Steuer- und Sozialabgabenabzugs oft weniger als 500 EUR an. Die Alternative: Zahlt der Betrieb 1000 EUR zugunsten des Arbeitnehmers in eine bAV, kommt das ungeschmälert dem Arbeitnehmer zugute und der Betrieb spart noch 300 EUR."[1]

Entgeltumwandlung ist somit ein Motor zur Senkung der Lohnnebenkosten für den Betrieb und eine klare Motivation für den Arbeitnehmer. Immer mehr Arbeitgeber entscheiden sich daher einen Teil Ihrer Lohnnebenkostenersparnis als Zuschuss zur Altersvorsorge des Arbeitnehmers beizusteuern.

Daher werden knapp 42 % der bAV gemischt finanziert, d. h. vom Arbeitgeber und Arbeitnehmer gemeinsam bezahlt, 38 % ausschließlich vom Arbeitgeber und 32 % ausschließlich vom Arbeitnehmer.[1] Selbst dies ist jedoch noch attraktiv für diesen, weil die Sparbeiträge in der Regel steuer- und sozialabgabenfrei sind.

Auch ein Großteil deutscher Unikliniken beschreitet seit dem Spätsommer 2009 neue Wege im Bereich der betrieblichen Altersversorgung, um qualifiziertes Fachpersonal zu gewinnen und zu binden. Der Marburger Bund hat mit der Tarifgemeinschaft der Länder (TdL) für die 24 000 Ärzte an 27 Unikliniken einen Tarifvertrag zur Entgeltumwandlung geschlossen. Darin ist erstmals in der deutschen Tarifgeschichte eine freie Auswahl für den Arbeitnehmer (Arzt) festgeschrieben, falls der Arbeitgeber (Uniklinik) keine eindeutige Entscheidung für alle Ärzte in seinem Verantwortungsbereich fällt. Der Tarifvertrag lässt mehrere Anbieter zu: die Versorgungsanstalt des Bundes und der Länder (VBL), andere Pensionskassen, Pensionsfonds, Direktversicherung und rückgedeckte Unterstützungskassen (entsprechend Betriebsrentengesetz).

Gut beraten sind daher die Ärzte, die sich um eine zusätzliche Altersversorgung über eine Unterstützungskasse kümmern. Im Ergebnis lassen sich auch in diesen hohen Gehaltsklassen hohe Förderquoten erreichen (siehe folgende Tabelle).

---

1 Verbraucherzentrale NRW, Düsseldorf, Juni 2010 „Privatrenten und Lebensversicherungen"

Tab. 1: So wirkt sich die Entgeltumwandlung beim Gehalt aus (Angaben in EUR)*[1]

Quelle: Zentralinstitut für Vorsorgeberatung/Studie: Stellenwert der betrieblichen Altersversorgung, 2008

Eckpunkte	Auswirkungen	
	mit Privatrente	mit Entgelt-umwandlung
Einzahlungsphase ab 45		
Bruttogehalt	7.000	7.000
– Entgeltumwandlung	0	500*[2]
= neues Brutto	7.000	6.500
– Lohnsteuer + SolZ	2.312	2.072
– SV	624	624
= Nettogehlt	4.063	3.804
Steuerersparnis		240 (48 %)
Nettoaufwand Arzt	260*[3]	260
Auszahlungsphase ab 65*[4]		
Guthaben gesamt	97.500	190.002
Rente vor Steuern	382	766
Rente nach Steuern	362	555
Vergleich		+ 43 %
Alternative: Kapitalabfindung	97.500	190.002
Kapitalabfindung nach Steuern*[5]	90.480	113.602
Vergleich		+ 25,5 %

*[1] Oberarzt (45), ledig, Steuerklasse I/0 + Kirchensteuer, privat krankenversichert

*[2] 500 EUR Entgeltumwandlung pro Monat ab 45 in U-Kasse „KlinikRente Plus"; Laufzeit 20 Jahre

*[3] Arzt schließt aus Nettoeinkommen Privatrente über 260 EUR Monatsbeitrag ab 45; Laufzeit 20 Jahre

*[4] angenommener Steuersatz im Alter: 30 Prozent

*[5] 40-Prozent-Steuersatz; Chance auf Fünftelungsregelung (gleichmäßiger Verteilung der Auszahlung über fünf Jahre bei Einkommenssteuer) noch nicht berücksichtigt

An dieser Stelle möchte ich festhalten, dass eine zusätzliche Altersvorsorge im Interesse der Arbeitnehmer und der Arbeitgeber liegt. Und damit meine ich nun allgemein den Aufbau einer Altersversorgung – ob nun über die gesetzliche Rente oder die VBL.

Klar sollte jedoch auch sein, dass dies alleine nicht mehr ausreicht und somit kein Weg an einer Zusatzversorgung vorbeiführt. Und dabei ist die betriebliche Altersvorsorge die „Königsdisziplin" der staatlich geförderten Produkte.

Eine Umfrage zum Stellenwert der betrieblichen Altersversorgung[2] zeigt jedoch auch die Relevanz der bAV im Bereich der Personalgewinnung und -bindung auf.

97 % der Beschäftigten erachten die betriebliche Altersversorgung (Entgeltumwandlung und Arbeitgeberfinanzierung) als besondere Zusatzleistung, 97 % der Beschäftigten entscheiden sich eher für einen Arbeitgeber mit einem bestehenden Versorgungswerk (großer Vorteil im „War of talents") und 67 % der Beschäftigten schließen einen Arbeitgeberwechsel aus, wenn ein Versorgungswerk besteht (Große Bindungswirkung im „Employer Branding").

Den Mitarbeitern alle Förderwege der betrieblichen Altersversorgung aktiv anzubieten und sie über die Möglichkeiten zu informieren, ist nicht nur eine Frage der modernen Mitarbeitergewinnung und -bindung, sondern auch ein Mittel langfristig Kosten zu reduzieren.

---

2 Zentralinstitut für Vorsorgeberatung / Studie: Stellenwert der betrieblichen Altersversorgung, 2008.

Marke Asklepios – Arbeitgeber Nr. 1 als Wettbewerbsvorteil

Friedhelm H. Girke/Dr. Thomas Kobas

Abstract: Vor dem Hintergrund der Herausforderungen des Personalmanagements geht es vor allem darum, die Attraktivität als Arbeitgeber so zu gestalten, dass letztendlich die richtigen Personen, zur rechten Zeit, mit Motivation, am richtigen Platz sind. Mitarbeiter stellen bekanntlich die Grundlage für den wirtschaftlichen Erfolg des Unternehmens dar. Deshalb sind die Anstrengungen zu intensivieren, um potenzielle Mitarbeiter zu einem Einstieg sowie die vorhandenen Mitarbeiter zu einem dauerhaften Verbleib bei Asklepios zu bewegen. Daneben bietet die Belegschaft auch einen wertvollen Pool an Ideen und Hinweisen, der beispielsweise durch eine Mitarbeiterbefragung aufgedeckt werden kann.

1 Ausgangssituation

„Papa, wie werde ich denn in Zukunft medizinisch versorgt, wenn Ihr bei Asklepios Eure Arztstellen nicht mehr besetzen könnt?" fragte mich vor kurzem mein Sohn.

Zunächst wollte ich in Manager-Manier kurz und prägnant die Lösung kundtun, als mir wieder bewusst wurde, dass es auf diese einfache Frage keine einfache Antwort gab.

Die Fakten sprechen eine deutliche Sprache. Bis einschließlich 2020 müssen schätzungsweise über 50.000 Ärzte ersetzt werden, schon jetzt sind ca. 5000 Stellen in den Kliniken unbesetzt.[1] Im Pflegebereich wird im gleichen Zeitraum mit schätzungsweise 140.000 fehlenden Arbeitskräften gerechnet.[2] Im Rahmen der komplexen Antwort auf die einfache Frage

---

1 Angaben angelehnt an Bundesärztekammer.
2 Laut Dt. Pflegerat und einer Studie von PricewaterhouseCoopers.

wollen wir hier das Spannungsfeld zwischen Angebot und Nachfrage, Bildung und Karriere, Einkommen und Work-Life-Balance aufzeigen, ohne den Anspruch auf Vollständigkeit zu erheben.

Ein Unternehmen wie Asklepios, mit mehr als 36.000 Mitarbeitern und weiteren Wachstumsambitionen benötigt internen wie externen Nachwuchs. Diesen für Asklepios zu begeistern gelingt durch den Aufbau einer inhaltlich gefüllten und nachhaltig gelebten Arbeitgebermarke. Ziel dabei ist es Arbeitgeber Nr. 1 zu werden.

Studien belegen, dass Mitarbeiter- und Unternehmensorientierung sehr wohl zu Patienten- und Innovationsorientierung führen.[3] Werte und Leistung sind kein Widerspruch in einer transparenten, kommunikativen und modernen Unternehmenskultur. Die Mär von den Sozialromantikern ist wirtschaftlich schon lange widerlegt. Bei Asklepios geben die drei strategischen Leitlinien Innovation, Qualität und soziale Verantwortung Orientierung für unser Motiv: Gemeinsam für Gesundheit.

Dem Personalbereich kommt dabei eine strategische Bedeutung zu, denn das rasche Reagieren der Organisation auf sich schnell ändernde Marktbedingungen setzt eine flexible Anpassung der personalseitigen Systeme und Strukturen voraus, die es erforderlich macht, dass HR gleichsam als „Architekt der Organisation" fungiert.[4]

Wie kommt man nun vom Wissen um die Situation über das Marketing hin zu Lösungen in der Praxis? Wie wird man Arbeitgeber Nr. 1?

2 Hintergrund

Zur Beantwortung der vorangestellten Frage wollen wir an dieser Stelle der Lösung praktisch und methodisch auf den Grund gehen. Die Märkte zeigen uns klar auf, welches Unternehmen erfolgreich ist und welches weniger. Warum ist dies so und vor allem, was kann man von den „Most Admired Companies" lernen?

Eine Studie der HayGroup hat ermittelt, dass Strukturen, Prozesse und Menschen die Schlüsselfaktoren zur Umsetzung von Unternehmensstrategien sind und damit den Erfolg der Unternehmen ausmachen. Dabei lassen sich die Begriffe auch in Organisation (= Struktur) und Zusammenarbeit (= Prozesse) übersetzen. Damit das Zusammenspiel aus Unter-

---

3 Studien von Hay Group.
4 Vgl. dazu z. B. „A New Mandate for Human Resources."; D. Ulrich (1998), in: Harvard Business Review.

nehmensorganisation und Menschen zu einem erfolgreichen Ergebnis in inhaltlicher, zeitlicher und wirtschaftlicher Hinsicht führt, sind drei strategische Ausrichtungen notwendig (siehe auch Abb. 1):

1. Clarity =   Klarheit der Organisation

2. Capability =   Fähigkeit der Menschen die Rollen in der Organisation zu leben

3. Commitment = Systeme zur Zusammenführung von Organisation und Mensch (Personalentwicklung, Vergütung, Unternehmenskultur usw.)

Vereinfacht ausgedrückt bedeutet dies: Der richtige Mitarbeiter, an der richtigen Stelle, richtig motiviert.

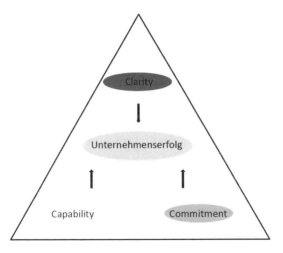

Abb. 1: 3 C-Dreiecksmodell;
Quelle: Hay Group

2.1   Clarity

Wie ist die Unternehmensstrategie definiert und operationalisiert?

Mit welcher Organisationsstruktur können die wichtigsten Geschäftsprozesse effektiv unterstützt werden? Wie werden die Schnittstellen und Funktionen (im Sinne von rollenbezogenen Aufgaben) in der Organisation definiert?

Die Auseinandersetzung mit diesem Themenkomplex führt letztlich zu einer Klarheit der Strukturen sowie der Eindeutigkeit in der Formulierung der Rollenbeiträge und Schnittstellen innerhalb der Organisation. Hierdurch wird erreicht, dass ein Unternehmen auf seine primäre Geschäftstätigkeit fokussiert bleiben kann.

2.2 Capability

Auf welche Weise unterstützt das Führungsverhalten des Managements die Umsetzung von Strategien? Welches sind die Leistungsergebnisse und Verhaltensweisen, die von den Mitarbeitern erwartet werden? Mit welchen Instrumenten/Prozessen wird eine effiziente Personalplanung und Personalentwicklung gesteuert? Welches sind die notwendigen Core Competences, also die erfolgskritischen Faktoren für die Inhaber von Schlüsselfunktionen innerhalb der Organisation?

Die Fähigkeit der Mitarbeiter Ihre Rollen auszufüllen ist ein wesentliches Element des Gesamterfolges.

2.3 Commitment

Wie wird sichergestellt, dass im Unternehmen ein leistungsmotivierendes Organisationsklima herrscht? Mit welchen Instrumenten unterstützt die Vergütungspolitik Strategie und Wertsteigerung der Organisation? Welches sind die Zielsteuerungsprozesse und -instrumente in der Organisation?

Im Vordergrund steht hier die Sicherstellung der Einsatzbereitschaft der Mitarbeiter. Durch die Erhöhung der Bindung von Mitarbeitern an das Unternehmen, steigt auch deren Leistungsbereitschaft sowie eine effektive Zusammenarbeit.

3 Mehrdimensionales Maßnahmenbündel als Transformationsplattform

Die angezeigten Maßnahmen zur Umsetzung der strategischen Meilensteine gliedern sich einerseits zeitlich in kurz-, mittel- und langfristige Maßnahmen sowie inhaltlich in die Teilbereiche Personalmarketing, Personalrekrutierung, Personal- und Organisationsentwicklung.

Aufgrund historischer Entwicklungspfade in einer dezentralen Unternehmensstruktur lag ein Handlungsfeld zunächst in der Bündelung der bislang unterschiedlich betriebenen Personalbeschaffungsaktivitäten. Ein zentral koordiniertes, einheitliches und verstärktes Auftreten auf Jobmessen und ähnlichen Veranstaltungen unter Berücksichtigung regionaler Bedürfnisse ist eine wesentliche Leitlinie des modifizierten Personalmarketings. Zusätzlich wurden die Auftritte ins Ausland (z. B. Österreich, Ost- und Südeuropa) ausgeweitet, um dortige Arbeitsmarktpotenziale zu nutzen und Engpässe auf dem heimischen Arbeitsmarkt (z. B. bei Ärzten) zu reduzieren.

Ergänzend zu den Rekrutierungsaktivitäten wurde ein Re-Design sowie eine Vereinheitlichung und kostengünstigere Bündelung von Stellenanzeigen in den einschlägigen Medien (z. B. Deutsches Ärzteblatt) angegangen, insbesondere um auf die teilweise brisant gewordenen Engpässe für medizinisches und pflegerisches Personal angemessen zu reagieren. Dabei steht neben dem akuten Bedarf für vakante Stellen das Auftreten als transparentes und modernes, innovatives und dennoch stabiles Unternehmen sowie als attraktiver und verlässlicher Arbeitgeber im Vordergrund, bei dem Gemeinsamkeit die Basis für die Arbeitsgestaltung und Bestandteil der Unternehmenskultur ist.

Darüber hinaus ist die Weiterentwicklung bzw. Etablierung einer übergreifenden, internetbasierten Personalbeschaffungsplattform ein wichtiger Baustein in der Professionalisierung der Beschaffungsprozesskette sowie zur Stärkung der organisationalen Handlungsschnelligkeit. Unterziel war hier, den Personalbedarf der einzelnen Kliniken mit Informationen und Aktivitäten auf zentraler Ebene in Einklang zu bringen und die Vernetzung der einzelnen Häuser voranzutreiben. Dies bezieht sich auch auf die immer wieder notwendige Zusammenarbeit mit externen Kooperationspartnern zur Personalbeschaffung (z. B. Personalvermittler) auf regionaler und nationaler Ebene.

Schließlich ist die neu aufgesetzte gruppenweite Mitarbeiterbefragung zu nennen. Sie ist Ausgangspunkt für die langfristig ausgerichtete und systematische Verbesserung der Organisation auf Basis von tatsächlichen Einschätzungen unserer wertvollsten Ressource – der Mitarbeiter – mit dem Ziel, zur Sicherung bzw. Ausbau der Wettbewerbsposition von Asklepios beizutragen. Im nachfolgenden Abschnitt wird konkret auf das Instrument eingegangen. Flankiert wird die Befragung von umfangreichen Maßnahmen im betrieblichen Gesundheitsmanagement und im Ausbau von mitarbeiterorientierten Vorteilsangeboten mit externen Kooperationspartnern.

4 Vorgehensweise am Beispiel der Mitarbeiterbefragung

Arbeitsplatzqualität ist ein zentrales Anliegen der Asklepios-Gruppe. Die hohen Qualitätsziele, die wir uns gesetzt haben, können nur erreicht werden, wenn sich in jeder einzelnen Einrichtung eine Arbeitsplatzkultur entwickelt, die geprägt ist von Vertrauen zwischen Führungskräften und Mitarbeitern, von Stolz auf das, was gemeinsam geleistet wird, und von einem hohem Teamgeist.

Das Great Place to Work® Modell© zeigt, was aus Sicht der Beschäftigten einen ausgezeichneten Arbeitgeber ausmacht.[5] Es beruht auf umfangreichen Forschungsarbeiten und stellt eine international anerkannte Grundlage zur Bewertung und zum Vergleich der Qualität der Arbeitsplatzkultur von Unternehmen dar. Eine besondere Rolle für die Entwicklung einer ausgezeichneten Arbeitsplatzkultur spielt das Vertrauen. Vertrauensbasierte Beziehungen im Unternehmen – speziell zwischen Mitarbeitern und Führungskräften – sind der Schlüssel zu Zufriedenheit und hohem Engagement der Mitarbeiter, somit schließlich auch für den nachhaltigen und wirtschaftlichen Unternehmenserfolg.

Um die Arbeitsplatzqualität konzernweit sowie in den Einrichtungen zu entwickeln, wird eine standardisierte Mitarbeiterbefragung angeboten, die aufzeigt, wo die Einrichtungen der Asklepios-Gruppe hinsichtlich Arbeitsplatzqualität im internen Vergleich sowie im Vergleich zu den besten Arbeitgebern der Branche stehen, wo die gegenwärtigen Stärken und zukünftigen Herausforderungen liegen, und wie die Arbeitsplatzqualität und darüber Leistungsbereitschaft, Zufriedenheit und Bindung der Mitarbeiter verbessert werden kann.

Ziel ist die regelmäßige zukünftige Durchführung der Mitarbeiterbefragung. Die Ergebnisse sind ein wichtiger Indikator, an denen sich die Führung eines Hauses messen lässt, und zugleich Ansporn, in Sachen Arbeitsplatzqualität zu den besten Arbeitgebern der Branche zu zählen. Zunächst erhalten die Kliniken eine Rückmeldung der Mitarbeiter, wie sie sich an ihrem Arbeitsplatz fühlen und was sie über einzelne Themen, die einen guten Arbeitgeber ausmachen, denken. Durch Vergleichswerte mit anderen Asklepios-Kliniken und mit Kliniken außerhalb des Verbunds erfährt jede Klinik, wo in Sachen Mitarbeiterorientierung Stärken und Handlungsfelder liegen. Darüber hinaus gibt es Ergebnisse für einzelne Fachabteilungen innerhalb der Klinik. Wir sind überzeugt, dass die

---

5 Vgl. ausführlich z. B. das Sammelwerk „Transforming Workplace Cultures."; R. Levering (2010).

Ergebnisse der Mitarbeiterbefragung ein wichtiger Impuls für Veränderungen sind. Denn die Herausforderungen der Zukunft werden die einzelnen Kliniken mittel- bis langfristig nur meistern, wenn die Mitarbeiter an ihrem Arbeitsplatz zufrieden sind und wenn ein gutes Betriebsklima herrscht.

Ein weiterer möglicher Benefit: Kliniken können mit ihren Befragungsergebnissen am jährlichen Wettbewerb „Bester Arbeitgeber im Gesundheitswesen" teilnehmen. Dieser Wettbewerb wird vom Befragungsinstitut gemeinsam mit dem Bundesministerium für Arbeit und Soziales und weiteren Partnern ausgelobt und ist mittlerweile einer der bedeutendsten Arbeitgeber-Wettbewerbe in Deutschland. An dem Wettbewerb kann jedes Unternehmen und jede Organisation ab einer Mindestgröße von 50 Mitarbeitern teilnehmen. Insgesamt 235 Unternehmen nahmen für das Jahr 2010 teil. „Great Place to Work" untersucht dafür hauptsächlich durch eine standardisierte Mitarbeiterbefragung, die seit 2009 auch innerhalb der Asklepios-Gruppe gestartet ist. Die Wahl des Kooperationspartners für die erste einheitliche Mitarbeiterbefragung soll die zusätzliche Möglichkeit bieten für einzelne Einrichtungen, neben der Absolvierung der standardisierten Mitarbeiterbefragung mit dem Ziel der Weiterentwicklung der Arbeitsplatzqualität, auch das renommierte Arbeitgeber-Gütesiegel zu gewinnen.

5 Mitarbeiterorientierung

Die Betrachtung eines Unternehmens als „Black Box" und die ausschließliche externe Orientierung waren ein fruchtbarer Boden für die Entstehung des sog. ressourcenbasierten Ansatzes, dessen Analyseschwerpunkt das Unternehmen selbst mit seinen spezifischen Ressourcen und Fähigkeiten als Quelle von Wettbewerbsvorteilen bildet.[6] Unterschiede bei der Performance zwischen konkurrierenden Unternehmen einer Branche können somit auch auf unterschiedliche Konstellationen firmenspezifischer Ressourcen und Fähigkeiten zurückgeführt werden. Dies zeigt sich insbesondere hinsichtlich der Humanressourcen und der damit zusammenhängenden Bereiche (Unternehmenskultur etc.)[7]. Vor dem Hintergrund zunehmender Globalisierung und Dynamisierung der Wirt-

---

6 Als wesentliche Begründer dieses Theoriezweiges der Strategischen Managementforschung sind u. a. zu nennen J. Barney, R. Grant, R. Hall, B. Wernerfelt.

7 Vgl. ausführlich zur Thematik der Wettbewerbsposition in Bezug auf Humanressourcen sowie den möglichen Konsequenzen von bestehenden Anreizsystemen „Personalentwicklung als strategische Aufgabe der Unternehmensführung"; T. Kobas (2008).

schaft, technologischen Neuerungen, Auflösungserscheinungen von Branchengrenzen und immer schneller wechselnden Kundenpräferenzen ist es besonders wichtig, stabile Orientierungspunkte bei der Erlangung von nachhaltigen Wettbewerbsvorteilen zu liefern. Ein dauerhafter Blick zugunsten unternehmensspezifischer Ressourcen, welche nach vorausgehender Beschaffung und Entwicklung langfristige Wettbewerbsvorteile gegenüber Konkurrenten begründen können, ist angebracht. In Verbindung mit dem SWOT-Schema (Strengths, Weaknesses, Opportunities, Threats) als Basis-Konzept ergibt sich daraus ein nützlicher Orientierungsrahmen.[8]

Erfolgreiches Personalmanagement sorgt für eine ausreichende Versorgung mit qualifizierten und motivierten Arbeitskräften und letztlich für eine optimale Nutzung durch entsprechende Systeme, Prozesse und Praktiken innerhalb der Organisation. Darüber hinaus gilt es auch Verluste von Personal auszugleichen, indem beispielsweise eine Führungskraft, die aus dem Unternehmen ausscheidet, durch entsprechend qualifizierte Nachwuchskräfte adäquat ersetzt werden kann. Damit kommt der gezielten Identifikation, dem potenzialorientierten Aufbau sowie der effizienten Nutzung kritischer Humanressourcen entscheidende Bedeutung zu. Das Personalmanagement besitzt folglich sowohl generierenden als auch substitutiven Charakter in Bezug auf die Arbeitskräfte. Insofern kann es bei der Schaffung von Wettbewerbsvorteilen auf einer höheren Stufe wirken als das bloße Vorhandensein wertvollen Personals. Die Ausstattung mit Arbeitskräften als Quelle von Wettbewerbsvorteilen sorgt zwar generell für eine vielversprechende Ausgangsposition. Jedoch wird ohne entsprechende Prozesse, Systeme und Praktiken zur optimalen Nutzung, Bindung und Aufbau von Humankapital diese vorteilhafte Position nicht von Dauer sein. Umgekehrt ist ein ausgefeiltes Personalmanagement kurzfristig nicht in der Lage, für Wettbewerbsvorteile zu sorgen, wenn keine guten Arbeitskräfte im Unternehmen vorhanden sind. Sofern aber die Mechanismen bei der Akquisition sowie insbesondere bei der Entwicklung spezifischer Fähigkeiten greifen und die Humankapitalbasis vergrößern bzw. verbessern, ist sukzessive eine gute Wettbewerbsposition erreichbar.

Die Mitarbeiterbefragung bietet sich als sehr gut geeignetes Instrument zur Aufdeckung von Handlungsfeldern und Ableitung von Maßnahmen an. Unterstützung gibt es nach Vorliegen der Ergebnisse sowohl von interner als auch – falls gewünscht – von externer Seite an. Dabei ist es

---

8 Dieses Matrix-Schema als Bestimmungsinstrument im Rahmen des strategischen Managements wurde von der sog. Harvard School entwickelt und wird von namhaften Unternehmensberatungen, wie z. B. The Boston Consulting Group, nach wie vor verwendet.

wichtig, dass mit den Ergebnissen in den einzelnen Häusern gearbeitet wird und die einzelnen Häuser voneinander lernen.

6 Marktorientierung

Die ursprünglich dominante Sichtweise strategischer Unternehmensführung beschränkte sich zunächst nur in der Erfassung der externen und vor allem branchenspezifischen Bedingungen sowie in der anschließenden Selektion und Implementierung einer geeigneten generischen Strategie (Kostenführerschaft, Differenzierung, Nischenbesetzung) innerhalb der Organisation. Die Marktorientierung eines Unternehmens ist zentraler Bestandteil innerhalb dieses Ansatzes, weshalb auch die Bezeichnung „Market-based-view" in der Literatur verwendet wird.[9] Die Frage nach der Sicherung von Wettbewerbsvorteilen und der Realisierung von überdurchschnittlichen Gewinnen eines Unternehmens wird ausschließlich durch die adäquate Anpassung an gegebene Bedingungen des Markt- bzw. Branchenumfeldes beantwortet.

In der Konsequenz bedeutet dies aber die Gefahr der Nachahmung von besonders erfolgreichen Unternehmen und, damit auf deren Seite, die mögliche Erosion von Wettbewerbsvorteilen. Schließlich besteht die Tendenz zu einer relativ homogenen Struktur der Unternehmen hinsichtlich Organisationsstrategie, Ressourcen und Kompetenzen, so dass die Entwicklung einer neuen und zunächst überlegenen Strategie einem Unternehmen nicht langfristig Wettbewerbsvorteile sichern kann. Dahinter steht die Annahme, dass Unternehmen, die weniger erfolgreich operieren, erfolgsrelevante Ressourcen und Fähigkeiten über den Markt beziehen und den führenden Wettbewerber auf diese Weise imitieren können, sofern keine wettbewerbsbeschränkenden Eintritts- oder Mobilitätsbarrieren existieren.

Abgeleitet vom gleichzeitig notwendigen Marktfokus und der damit einhergehenden strategischen Positionierung im Gesundheitsmarkt, und hier speziell in der Klinikbranche, erscheint es unabdingbar, wesentliche Differenzierungsmerkmale gegenüber Wettbewerbern auch entsprechend nach außen zu tragen bzw. im Vorfeld soweit zu entwickeln, dass eine erfolgreiche Differenzierung möglich wird. Dies kann parallel auf unterschiedlichen Themenfeldern der Fall sein, wie z. B. Qualität, Innovation, aber auch personalbezogene Themen wie Familienfreundlichkeit, Diversity/Fairness, oder Arbeitgeberattraktivität insgesamt.

---

9 Vgl. ausführlich z. B. „Wettbewerbsvorteile: Spitzenleistungen erreichen und behaupten."; M. Porter (2010).

In Abhängigkeit der bereits vorhandenen Stärken gilt es, diese gezielt bei den entsprechenden Wettbewerben einzubringen und sich mit den anderen Wettbewerbsteilnehmern zu messen. Das Ziel ist ein Portfolio renommierter Arbeitgeberpreise, um die Qualität als ausgezeichnetes Unternehmen sowie als attraktiver Arbeitgeber auch von unabhängiger Seite zertifizieren zu lassen. Somit erfolgt eine Übertragung des Funktionsprinzips der obligatorischen Qualitätszertifizierung (z. B. KTQ) auch auf den Bereich allgemeiner Unternehmensaspekte bis hin zu Personalmarketing-orientierten Gesichtspunkten. Als fortwährende Aufgabe im Hintergrund besteht natürlich die Herausforderung, an den weniger gut aufgestellten Themen, die im Zuge der verschiedenen Wettbewerbe, aber auch Befragungen aufgedeckt werden, zu arbeiten.

7 Erfolgsmessung

Aus Sicht der Asklepios Gruppe ist die Herstellung von Transparenz und Sicherstellung der Qualität besonders wichtig. Dies gilt auch für die angesprochenen Themenbereiche

Besonders prägnante Kennzahlen, die im Rahmen der Mitarbeiterbefragung ermittelt werden, sind die Zufriedenheits- und Teilnahmequote als Indikatoren für das Betriebsklima innerhalb der Mitarbeiter sowie Ausdruck des Vertrauens in die Glaubwürdigkeit und Gestaltungskraft der Führungskräfte sowie des Konzerns. Daneben gibt es weitere interessante Aspekte wie beispielsweise die Bereitschaft der Mitarbeiter, das eigene Haus als Arbeitgeber oder als Einrichtung für den Fall eines notwendigen Klinikaufenthaltes im Freundes- und Bekanntenkreis weiterzuempfehlen. Die Vergleichbarkeit der auf einzelne Häuser bezogenen Kennzahlen ist durch die einheitliche Methodik gewährleistet und kann mit verschiedenen Benchmarks innerhalb und außerhalb der Asklepios Gruppe kombiniert werden. Daraus können wichtige Rückschlüsse für erforderliche Maßnahmen in aktuellen Themenfeldern gezogen werden.

Im Nachgang der Befragung werden umfangreiche Ergebnisreports erstellt. Diese geben ausführliche Information zu einzelnem Haus und Fachabteilungen und bieten erste Empfehlungen für Handlungsfelder auf den genannten Ebenen angelehnt an „Best Practice"-Ansätze. Insbesondere der Vergleich bei typischen Handlungsfeldern wie. z. B. Kommunikation, Führung, Organisation hat Auswirkungen auf die weitere Vorgehensweise, die übergreifende Maßnahmen für ganz Asklepios im Fokus hat. Auch die nachfolgende Befragung, z. B. nach 2 Jahren, bietet eine aufschlussreiche, intertemporäre Vergleichsmöglichkeit und dokumentiert einen langfristigen Horizont bei den angestrebten Verbesserungen.

Das kontinuierliche Monitoring der Maßnahmen (Status, Zeithorizont, Verantwortlichkeiten) auf Hausebene liegt zunächst in Eigenverantwortung der einzelnen Häuser, wird jedoch ergänzt durch moderne Systeme und Tools des zentralen Personal- und Qualitätsmanagements. Somit ist eine zentrale Unterstützung und Einbettung in das strategische Gesamtkonzept gesichert. Die Entwicklung von problemorientierten Messparametern, um Steuerbarkeit und damit auch Verbesserung zu erzielen, nimmt in diesem Zusammenhang eine wesentliche Bedeutung ein. Dabei gilt es jedoch, das richtige Maß zu finden und das notwendige Change Management nicht nur auf bloße Kontrolle der Zahlen zu reduzieren. Schließlich geht um unsere wertvollste Ressource, den Träger von erfolgsentscheidenden individuellen und kollektiven Fähigkeiten und schließlich auch der Unternehmenskultur. Es geht darüber hinaus auch um erfolgreiches Risikomanagement: das Wissen der Mitarbeiter um Risiken und Chancen für das Unternehmen soll nutzbar gemacht werden und es gilt als Schlüsselaufgabe, die versteckten Potenziale der Mitarbeiter zu entdecken und in erfolgreiche Performance sowie die Sicherung bzw. den Ausbau der Wettbewerbsposition zu kanalisieren.

Bei den verschiedenen Arbeitgeberwettbewerben ist zum Einen die Platzierung im Teilnehmerfeld eindeutiges Kriterium zur Einordnung des Handlungsbedarfs, zum Anderen besteht je nach Wettbewerbskriterien ein nützliches Benchmark, das Möglichkeiten zum Vergleich der zugrundeliegenden Themenfelder sowohl innerhalb als auch außerhalb der Branche bietet.

Mit dem Ziel, Top-Arbeitgeber zu sein, kann es nur den Weg geben, in möglichst vielen Facetten zu den führenden Unternehmen zu gehören. Daher werden zukünftig neben internen Befragungen auch Umfragen von Studenten, Absolventen und weiteren externen Gruppen eine wichtigere Rolle bei der Bestimmung der Wettbewerbsposition auf dem Arbeitsmarkt spielen.

8 Fazit

„Nun die Antwort auf Deine einfache Frage ist komplexer als es scheint," sagte ich zu meinem Sohn.

Mitarbeiter zu gewinnen ist einfach, wenn die besten Arbeitsbedingungen geboten werden und wir somit Monopolist sind. Diesen Zustand herzustellen ist vor dem Hintergrund der einheitlichen wirtschaftlichen Rahmenbedingungen in der Gesundheitswirtschaft sowie der Wettbewerbssituation (u. a. faktische Tarifeinheitlichkeit beim Marburger Bund, ähnliches bei ver.di usw.) nicht mehr einfach.

Vielmehr liegt der Lösungsansatz im Aufbrechen der Komplexität. Die Frage nach Mitarbeitergewinnung und Arbeitgeber Nr. 1 ist in etwa folgende Fragen aufzuteilen:

- Wie identifiziere ich mich mit meinem Unternehmen?

- Welche Werte vermittelt unser Handeln, unsere Vision und sind dies meine Werte?

- Werde ich angemessen vergütet?

- Habe ich ein ausgewogenes Verhältnis zwischen Arbeit, Freizeit und Familie?

- Werde ich persönlich und fachlich gefordert sowie gefördert?

- Wie flexibel ist mein Arbeitgeber und wie mobil bin ich?

- Ist die Qualität unserer Arbeit unserem ethischen Anspruch angemessen?

- Wird der Patient als Mensch gesehen?

- Welche Innovationen bringt unser Handeln hervor?

- Wie agiert mein Unternehmen in der Gesellschaft? …

All diese Fragen bearbeiten wir in unserem Unternehmen. Auf viele dieser Fragen haben wir Antworten gefunden und in Maßnahmen – wie oben skizziert – umgesetzt. Ist der Prozess damit abgeschlossen? Nein. Nachhaltigkeit ist auch hier der Schlüssel zum Erfolg. Die nächste Mitarbeiterbefragung kommt bestimmt.

Wenn wir der Beste Arbeitgeber sind, dann folgt allerdings die noch viel schwierigere Aufgabe – Bester Arbeitgeber zu bleiben!

Personalkonzepte „auf dem Laufsteg" – Kliniken der Stadt Köln gGmbH

Prof. Dr. Christian Schmidt/Juliane Salehin/Claudia Lerch

1 Herausforderung Fachkräftemangel

Das Thema Fachkräftemangel im Krankenhaus ist zurzeit medial sehr präsent. In kurzen Abständen werden von Beratern, staatlichen und privaten Instituten, Verbänden, Stiftungen sowie Wissenschaftlichen Einrichtungen unterschiedliche Beschreibungen der Situation veröffentlicht (siehe Literaturhinweise am Ende dieses Beitrags). Dies verwundert nicht, denn verglichen mit anderen Branchen ist in der Gesundheitswirtschaft der größte Mangel an Fachkräften zu verzeichnen. Heute ist festzustellen, dass sich die Zahl der offenen Arztstellen im Krankenhaus von 2007 bis 2009 verdreifacht hat und kein Gefälle mehr zwischen den neuen und alten Bundesländern zu beobachten ist.[1] Eine entsprechende Situation gibt es in der Pflege. Hier ist vor allem die Nachfrage nach qualifizierten Mitarbeitern in den Funktionsbereichen, wie dem Operationssaal und der Intensivstation groß. Gerade hier erwirtschaften Krankenhäuser jedoch einen signifikanten Teil ihrer Erlöse. Als Folge dessen hat sich ein starker Wettbewerb um diese Fachkräfte aus Medizin und Pflege entwickelt, der zu steigenden Kosten für die Personalbeschaffung im Krankenhaus führt.[2]

Treiber für diesen Fachkräftemangel finden sich in der demographischen Alterung der Belegschaft, im zunehmenden Frauenanteil und der damit verbundenen Zunahme an Teilzeitbeschäftigten sowie den Anforderungen einer Generation von jungen Mitarbeitern, die traditionelle Füh-

---

1 Kopetsch, T.: Dem deutschen Gesundheitswesen gehen die Ärzte aus! Studie zur Altersstruktur und Arztzahlentwicklung, 5. aktualisierte und komplett überarbeitete Auflage, Bundesärztekammer und Kassenärztliche Bundesvereinigung, Eigenverlag, Berlin, 2010.
2 Zentrum für Gesundheitswirtschaft und -recht (Hrsg.): OP-Barometer 2009. Arbeitssituation und Arbeitsumfeld der Funktionspflege im OP-Bereich. Eigenverlag, Frankfurt a. M., 2009.

rungs- und Ausbildungskonzepte ablehnt.[3, 4, 5] Von den genannten Treibern stellt die alternde Belegschaft das größte Risiko dar. Dies vor allem, weil in den aktuellen Planungszeiträumen von 1 – 2 Jahren die drohende Personalunterdeckung langfristig nicht transparent wird. Als Konsequenz muss das Alterungs- bzw. Kapazitätsrisiko ein wichtiges Handlungsfeld für die strategische Personalplanung bzw. das Personalmanagement von Krankenhäusern sein. Anzumerken ist jedoch, dass Personalmanagement bisher nur in etwa 20 % der Krankenhäuser stattfindet.[6] Daher sind geplante Personalmaßnahmen bisher die Seltenheit im deutschen Krankenhausmarkt. Betrachtet man jedoch den stärker werdenden Wettbewerb um Fachkräfte ist ein proaktives Personalmanagement unverzichtbar, um im Markt zu bestehen.

Die Herausforderung für das Unternehmen liegt also in einer demographiefesten Personalplanung und in geplanten Personalmanagementkonzepten, die Feminisierung bzw. Generationenthemen sinnvoll berücksichtigen.[7] Am Beispiel der Kliniken der Stadt Köln stellen wir im ersten Teil Lösungen für die prospektive Personalplanung vor. Aus dieser Planung gehen die Personalmanagementkonzepte und deren Umsetzung hervor. Im zweiten Teil gehen wir auf das Thema Führung junger Mitarbeiter ein.

2 Demographiefeste Personalplanung – Demographic Risk Management an den Kliniken der Stadt Köln gGmbH

Die Kliniken der Stadt Köln gGmbH sind ein Klinikverbund mit drei Häusern, etwa 1500 Betten und einem Jahresumsatz von über 300 Mio. EUR.

---

3 Kopetsch, T.: Dem deutschen Gesundheitswesen gehen die Ärzte aus! Studie zur Altersstruktur und Arztzahlentwicklung, 5. aktualisierte und komplett überarbeitete Auflage, Bundesärztekammer und Kassenärztliche Bundesvereinigung, Eigenverlag, Berlin, 2010.

4 Coupland, D.: Generation X. Geschichten für eine immer schneller werdende Kultur. Goldmann Verlag, München, 2004.

5 Parment ,A.: Die Generation Y – Mitarbeiter der Zukunft: Herausforderung und Erfolgsfaktor für das Personalmanagement. Gabler Verlag, Wiesbaden, 2009.

6 PriceWaterhousCoopers (Hrsg.): Fachkräftemangel stationärer und ambulanter Bereich bis zum Jahr 2030, Eigenverlag, Frankfurt, 2010 und unter http://www.pwc.de/fileserver/RepositoryItem/Studie_Fachkr%C3 %A4ftemangel_Gesundheit.pdf?itemId = 43638020, letzter Zugriff: 24.10.2010.

7 Isfort, M./Weidner, F./Neuhaus A. et al.: Pflege-Thermometer 2009. Eine bundesweite Befragung von Pflegekräften zur Situation der Pflege und Patientenversorgung im Krankenhaus. Herausgegeben von: Deutsches Institut für angewandte Pflegeforschung e. V. (dip), Köln, 2010 und unter http://www.dip.de letzter Abruf: 30.11.2010.

Der Betriebsteil Merheim ist Klinikum der Universität Witten-Herdecke, das Kinderkrankenhaus Amsterdamer Straße und das Krankenhaus Holweide akademische Lehrkrankenhäuser der Universität zu Köln. Im Rahmen einer langfristigen strategischen Ausrichtung wurde in Zusammenarbeit mit der Boston Consulting Group (BCG) eine Methode zur prospektiven Personalplanung, adaptiert an die spezifischen Bedürfnisse der Kliniken entwickelt, die in Abb. 1 modellhaft dargestellt ist.

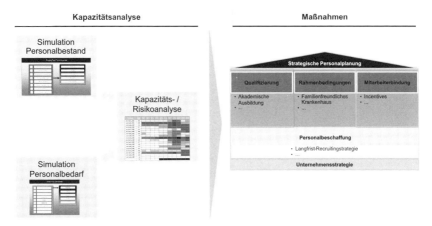

Abb. 1: Modelllogik „Demographic Risk Management"
Quelle: Kliniken der Stadt Köln gGmbH, 2010.

Zur Betrachtung der Personalsituation wurde geprüft, wie sich Personalbestand und Personalbedarf in den nächsten 10 Jahren entwickeln. Aus dieser Simulation wurde dann die Risiko- bzw. Kapazitätsanalyse erstellt. Dazu wurde in mehreren Schritten vorgegangen:

1. Als Schnellanalyse wurde überprüft, wie sich der Personalbestand in den nächsten Jahren entwickelt. Hierbei wurde ausschließlich der ärztliche und pflegerische Dienst (Pflege und Funktionsdienst) über einen Zeitraum von 10 Jahren betrachtet, ohne dass Maßnahmen oder Zugänge berücksichtigt wurden. Lediglich die altersbedingten Abgänge waren Bestandteil der Analyse. Ziel war es, die Auswirkungen der Demographie darzustellen. Bei dieser Untersuchung zeigte sich eine Halbierung des Personalbestandes innerhalb von 10 Jahren.

2. Als nächstes wurden Annahmen für das Simulationsmodell erstellt, die Abb. 2 wiedergibt. Hier konnten Faktoren wie Rentenabgänge, Fluktuation und Altersteilzeitprogramme aufgenommen werden.

	Definition Parameter	Ausprägung Parameter in Bestandsmodell
Fluktuation	• Anteil der Abgänge der Stammbelegschaft pro Jahr	• Differenzierung nach Ärztlicher Dienst , Pflegedienst, Funktionsdienst
Renten-eintrittsalter	• Durchschnittliches Renteneintrittsalter	• 65-67 Jahre üblich, für 2010 und 2011 mit 66 Jahren gerechnet • Erhöhung der gesetzlichen Altersgrenze berücksichtigt durch Zugabe von 1 Jahr ab inkl. 2012 auf 67
Mutterschutz/ Elternzeit	• Anteil der Frauen in Mutterschutz/ Elternzeit pro Jahr und ihre Rückkehr	• Anteil Frauen in Mutterschutz/Elternzeit an 20-45-jährigen Frauen[2], Annahmen: 1 Jahr Abwesenheit, 80% Rückkehrquote in 75%-ige Beschäftigung (gerechnet mit jährl. 6,95% Einschr.)
Kranken-stand	• Anteil der Fehltage bezogen auf Solltage	• In Bestandssimulation mit Einheitswert von 5,1% berücksichtigt
Altersteilzeit	• Anzahl Austritte in die ATZ-Passivphase	• Keine Berücksichtigung in Bestandssimulation, da der TV Altersteilzeit am 31.12.2009 ausläuft
Neu-einstellungen	• Anzahl der Neueinstellungen der Stammbelegschaft pro Jahr	• Bestandssimulation ohne Neueinstellungen

Abb. 2: Annahmenblatt des Modells adaptiert an die Kliniken der Stadt Köln gGmbH
Quelle: Kliniken der Stadt Köln gGmbH, 2010.

3. Die differenzierte Bestandsanalyse auf Basis der vorhandenen Personalstammdaten einer Klinik erfordert in einem ersten Schritt die systematische Ableitung von sog. „Jobfamilien". Hiermit sind Träger von Schlüsselwissen gemeint. Zu einer Jobfamilie gehören Tätigkeiten, die auf Grund ähnlicher Aufgaben und vergleichbarer Anforderungen miteinander verwandt sind. Zunächst ist dies unabhängig von Hierarchien und Strukturen. Diese Aggregationsmethodik ermöglicht als bereichsübergreifender Ansatz später eine Harmonisierung und Optimierung der zu identifizierenden Personalmaßnahmen. Während man bei der übergeordneten „Jobfamilien-Gruppe" (z. B. Ärztlicher Dienst) davon ausgehen kann, dass eine Austauschbarkeit durch Ausbildung und Weiterqualifizierung innerhalb von fünf Jahren erreicht werden kann, beträgt die Dauer bis zur Austauschbarkeit innerhalb der „Jobfamilien" (z. B. Anästhesiologie) in der Regel rund drei Jahre. Die unterste Ebene bilden die „Funktionen" (z. B. „Anästhesiologie" und „Kinder-Anästhesiologie"). Auf Funktionsebene ist eine Austauschbarkeit üblicherweise kurzfristig zu erreichen, wie Abb. 3 zeigt.

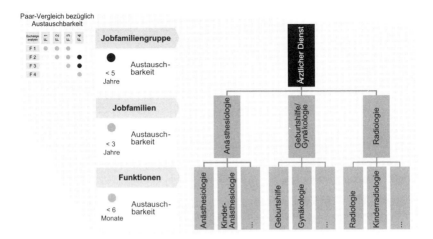

Abb. 3: Ableitung von Job-Familien, „Demographic Risk Management"
Quelle: Kliniken der Stadt Köln gGmbH, 2010.

4. Im nächsten Schritt wurde eine strategische Personalplanung für jede Klinik durchgeführt. Hierbei wurde der Bedarf für die nächsten Jahre geprüft. Die Weiterentwicklung einzelner Geschäftsfelder oder der Ausbau der Abteilung, für den wiederum speziell qualifiziertes Personal benötigt wird, waren Gegenstand der Gespräche mit den Chef- und Oberärzten. Die sich aus dieser Systematik ergebende Simulation des Personalbedarfs bezieht somit geplante Leistungssteigerungen und erhöhte Bedarfe der Kliniken in die Berechnung ein. Auch Annahmen über technologische Veränderungen mit Auswirkung auf den erforderlichen Personalbedarf wurden berücksichtigt. Die Kapazitätsrisiken können auf diese Weise in unterschiedlichen Detailtiefen und unter Zugrundelegung diverser Szenarien analysiert werden. Unterdeckungen in einzelnen Fachgebieten der Klinik werden in ihrer zeitlichen Entstehung genau erfasst und in ihrer Ausprägung präzise identifiziert, wie Abb. 4 exemplarisch für die Kapazitätsanalyse des Pflege- und Funktionsdienstes der Kliniken der Stadt Köln gGmbH zeigt. Diese Systematik kann bis auf die Ebene der Kliniken und Institute herunter gebrochen werden.

Dienst	2009	2010	2011	2012	2013	2014	2015	2016	2017	2018	2019	2020
Ärztlicher Dienst	529,68	-88,22	-149,91	-202,95	-249,06	-290,28	-325,28	-355,31	-382,15	-403,43	-422,12	-438,28
Pflegedienst	1021,67	-89,21	-135,68	-178,43	-220,54	-262,21	-307,56	-348,98	-388,03	-428,99	-467,16	-503,94
Funktionsdienst	270,89	-25,70	-40,01	-53,52	-67,06	-80,21	-92,87	-104,85	-115,25	-126,57	-136,49	-146,01

Absolute Lücke in FTE ⟍ ⟨-2,1⟩   Relative Lücke[1] (Zellenfarbe)

Überhang (+) Lücke (-)
- ☐ > +20,0 %
- ☐ +15,0 % - < +20,0 %
- ☐ +10,0 % - < +15,0 %
- ☐ +5,0 % - < +10,0 %
- ☐ -5,0 % - < +5,0 %
- ☐ -5,0 % - > -10,0%
- ☐ -10,0 % - > -15,0%
- ☐ -15,0 % - > -25,0 %
- ☐ -25,0 % - > -35,0 %
- ☐ -35,0 % - > -45,0%
- ☐ < -45,0 %

Abb. 4: Beispiel Kapazitäts-/Risikoanalyse Pflege- und Funktionsdienst, Kliniken der Stadt Köln gGmbH

Quelle: Kliniken der Stadt Köln gGmbH, 2010.

5. Aus dieser Kapazitätsanalyse wurden Maßnahmen zur strategischen Personalplanung der Kliniken der Stadt Köln gGmbH abgeleitet. Ziel war es an dieser Stelle das Problem durch die vorherige Analyse präzise zu beschreiben, auf diesem Ergebnis die Personalentwicklungsmaßnahmen (PE) aufzusetzen und schließlich spezifisch auszugestalten. Abb. 5 zeigt die Vorgehensweise auf.

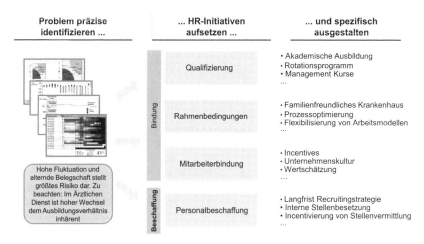

Abb. 5: Ableitung von Maßnahmen zur strategischen Personalplanung aus Kapazitätsanalyse

Quelle: Kliniken der Stadt Köln gGmbH, 2010.

Als Ergebnis der Analyse konnte die hohe Fluktuation im ärztlichen Bereich und die alternde Belegschaft als größtes Risiko dargestellt werden. Dies entspricht anderen Untersuchungen im Krankenhaus. Neben dem betrieblichen Gesundheitsmanagement und einem leistungsadaptierten Einsatz von älteren Mitarbeitern ist vor allem die Rekrutierung von Nachwuchskräften für eine ausgewogene Altersstruktur der Belegschaft wichtig. Als Konsequenz sind also geeignete Maßnahmen zur Personalbeschaffung und Mitarbeiterbindung vonnöten. Diese ließen sich für unseren Krankenhausverbund in vier Hauptkategorien ordnen:

1. Qualifizierung, Aus-, Fort- und Weiterbildung

2. Rahmenbedingungen

3. Mitarbeiterbindung

4. Personalbeschaffung

Die Maßnahmen wurden dann in das für alle Mitarbeiter sichtbare PE-Modell der Kliniken der Stadt Köln eingefügt, das in Abb. 6 dargestellt ist. Das Konzept mit den Säulen Ausbildung, Rahmenbedingungen und Incentives steht auf einer professionellen Personalauswahl mit Assessment Center für neue Führungskräfte sowie einer in der Unternehmensstrategie verankerten Personalentwicklung. In den drei Säulen sind von den Mitarbeitern nach Priorität bewertete Themen aufgelistet, so dass wir weg vom Gießkannensystem zu fokussierten Maßnahmen kommen. Das Ganze erfordert eine professionell aufgestellte Personalabteilung und die Einbindung aller Führungskräfte. Aktuelle Studien zeigen, dass die Umsetzung in den Berufsgruppen im Krankenhausmarkt, beispielsweise bei Zielvereinbarungen und Mitarbeitergesprächen sehr unterschiedlich verläuft. Nicht einmal die Hälfte der bundesdeutschen Kliniken trifft Zielvereinbarungen mit ihren leitenden Oberärzten. Nur jedes vierte Krankenhaus nutzt die Gespräche auch für Mitarbeiter ohne Führungsaufgabe. Die Zielerreichung honorieren 60 Prozent der Kliniken mit Bonus- oder Tantiemenzahlungen. Ein Viertel der Häuser belohnt gar nicht.[8]

---

8 Hoefert, HW (Hrsg.): Führung und Management im Krankenhaus 2. Aufl., Hogrefe-Verlag, Göttingen, 2007.

Abb. 6: Maßnahmen der strategischen Personalplanung Kliniken der Stadt Köln gGmbH 2010.
Quelle: Kliniken der Stadt Köln gGmbH, 2010.

Die aufgelisteten Maßnahmen wurden gezielt im Hinblick auf Ziel, Zielgruppe, Key Performance Indicators (KPI), Auswirkung und Budget beschrieben. Dabei wurden die Arbeitsschritte bis zur Einführung inkl. Ressourcen- und Kosten-Abschätzung aufgelistet und ein Template für Statusreporting der Maßnahmen-Einführung u. a. mit Hinweisen auf Entscheidungsbedarf, Abhängigkeiten und Risiken erstellt. Nach der spezifischen Ausgestaltung erfolgte die Bewertung nach relevanten Kriterien. Hier wurden die Kategorien:

- Ziel / Zielgruppe
- Inhalt / Arbeitsschritte
- Key Performance Indicator (KPI)
- Auswirkung
- Risiken
- Kosten / Budget
- Ressourcen

in die Bewertung einbezogen.

Auf Basis dieser Bewertung und vor dem Hintergrund der Unternehmensstrategie wurden die Maßnahmen in Abhängigkeit der beiden

Schlüsselkriterien „Auswirkung" und „Durchführbarkeit" gewichtet. Dazu wurden alle Führungskräfte aus Medizin, Pflege und Administration (Chefärzte, Pflegedienstleitungen und Abteilungsleiter der Verwaltung) befragt. Dieses Vorgehen ermöglicht die Identifizierung der Maßnahmen für die zu initiierende „erste Welle" und eine Verbesserung der Akzeptanz bzw. Sicherstellung einer breiten Bewertungsbasis. Um noch detaillierter zu priorisieren, wurde noch zwischen den Diensten und innerhalb des Ärztlichen Dienstes nach Karrierestufen unterschieden. Ziel war ein 5-Jahres-Maßnahmenplan. Abb. 7 zeigt die Bewertungssystematik auf.

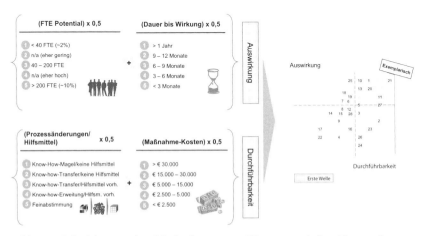

Abb. 7: Priorisierung der Maßnahmen vor Hintergrund der Unternehmensstrategie
Quelle: Kliniken der Stadt Köln gGmbH, 2010.

Folgt man der beschriebenen Modellogik, kann durch eine erneut durchgeführte Kapazitäts- und Risikoanalyse dann unter Berücksichtigung der ausgewählten und bewerteten Maßnahmen die Auswirkung auf die Personallücken in den einzelnen Fachbereichen dargestellt werden. Abb. 8 zeigt den Maßnahmenplan nach Abstimmung mit den Mitarbeitern bzw. der Interessenvertretung und nach Bewertung durch die Führungskräfte des Unternehmens. Interessanterweise war im direkten Ranking der Wichtigkeit die Themen Wertschätzung und Unternehmenskultur unter den ersten drei Nennungen.

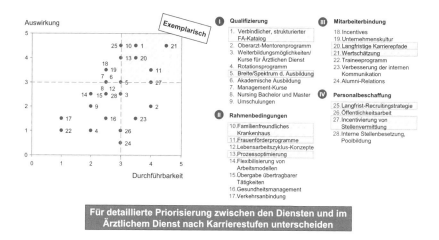

Abb. 8: Mit den Führungskräften abgestimmte Bewertung der Maßnahmen
Quelle: Kliniken der Stadt Köln gGmbH, 2010.

3 Herausforderungen Führung junger Mitarbeiter

Zum Schluss soll noch kurz auf die Herausforderungen im Umgang mit jungen Mitarbeitern eingegangen werden, da dieses Problem noch zu wenig präsent ist. Die deutsche Ärzte- und Pflegeschaft stehen vor einem Generationenwechsel. Der Generationenwechsel sowie die Differenzierung und Erweiterung der Weiterbildungsordnungen lösen einen Fachkräftemangel im Gesundheitswesen aus. Junge Mitarbeiter der Generation Y sind in dieser Situation besonders begehrt, da sie für die demographiefeste Unternehmensplanung wichtig sind. Die Generation Y ist definiert als Menschen, die seit 1981 geboren wurden.[9] Sie stellen jedoch eine Herausforderung für das Krankenhausmanagement der Zukunft dar. 80 % von Ihnen sind Frauen. Die Ausrichtung des Unternehmens auf die Anforderungen von Mitarbeitern dieser Generation scheint ein wesentlicher Faktor für den Erfolg von Personalprogrammen zu sein. Zahlreiche andere Branchen haben zu diesem Thema schon seit einigen Jahren Überlegungen angestellt, um einem drohenden Fachkräftemangel zu begegnen.[9] Drei wichtige Faktoren sind bei der Rekrutierung und Bindung dieser Mitarbeiter zu beachten.

---

9 Parment ‚A.: Die Generation Y – Mitarbeiter der Zukunft: Herausforderung und Erfolgsfaktor für das Personalmanagement. Gabler Verlag, Wiesbaden, 2009.

3.1 Führung

Gute Führung von Abteilungen erscheint für das Personalmanagement von jungen Mitarbeitern wichtiger zu werden als bisher. Dabei sind die Verbindlichkeit und Struktur der Ausbildung sowie die Gestaltung des Arbeitsplatzes, der Arbeitsinhalte und der Arbeitszeiten für diese Mitarbeiter durch ihre Führungskräfte besonders wichtig. Von Mitarbeitenden der Generation Y werden Hierarchien weniger akzeptiert als fachliche Kompetenz, so dass beim Führen vor allem die fachliche Anleitung und Erklärung von Sachverhalten in den Mittelpunkt rückt. An anderen Stellen erwarten die Geburtsjahrgänge der Generation Y Freiräume für das problemlösende Arbeiten. Ernst genommen werden und mit anspruchsvollen Aufgaben beauftragt werden sind Erwartungen dieser Generation.[10]

Als Folge sollten sich Führungskräfte eine breite Palette von Führungsstilen aneignen, um mit coachenden, delegierenden oder leistungsorientierten Führungsstilen den Anforderungen von Mitarbeitern entgegen zu kommen. Hier ist vor allem auch konstruktives Feedback gefragt.[11] Das Thema Feedback ist in Krankenhäusern, verglichen mit anderen Branchen, jedoch wenig verbreitet. Nur ein geringer Prozentsatz der Ärzte führt beispielsweise Feedbackgespräche durch, während diese Gespräche in der Pflege häufiger stattfinden.[12]

Vielfach wird in Studien der Ausbau von Belohnungssystemen für Mitarbeiter der Generation Y angesprochen. Hier besteht erheblicher Handlungsbedarf, vor allem in den Bundesländern bzw. Krankenhäusern, in denen keine Poolordnung für finanzielle Mitarbeiterbeteiligungen vorhanden ist. Ansätze dafür wurden bei uns umgesetzt. Darüber hinaus zeigen aktuelle Untersuchungen, dass Anerkennung und Wertschätzung durch Führungskräfte sowie das Vermitteln von Zugehörigkeit als Anreize deutlich stärker sind als finanzielle Belohnungssysteme.[13]

Hier setzen unsere Personalmanagementmaßnahmen an. Mit verbindlichen Feedbackgesprächen und Führungskräfteworkshops, in denen wertschätzende Führung vermittelt wird, lässt sich die Zufriedenheit der Mitarbeiter erheblich beeinflussen.

---

10 Parment ‚A.: Die Generation Y – Mitarbeiter der Zukunft: Herausforderung und Erfolgsfaktor für das Personalmanagement. Gabler Verlag, Wiesbaden, 2009.

11 Colemann, D/Boyatzis, R/McKee, A (Hrsg.): Emotionale Führung. 1. Auflage, Econ Verlag, Berlin, 2002.

12 Hoefert, HW (Hrsg.): Führung und Management im Krankenhaus 2. Aufl., Hogrefe-Verlag, Göttingen, 2007.

13 Zentrum für Gesundheitswirtschaft und -recht (Hrsg.): OP-Barometer 2009. Arbeitssituation und Arbeitsumfeld der Funktionspflege im OP-Bereich. Eigenverlag, Frankfurt a. M., 2009.

3.2   Motivation

Bei der Betrachtung des heutigen verdichteten Arbeitsalltags im Krankenhaus hat vor allem die Entwicklung des Patientenaufkommens in den letzten 10 Jahren für deutliche Veränderungen gesorgt. Kürzere Verweildauern (–25 %), Abbau von Betten (–30 %) und steigende Fallzahlen (+20 %) haben die Arbeitsdichte stark erhöht.[14] Als Folge steigt die Unzufriedenheit von Ärzten mit den Arbeitsbedingungen. Besonders bemängelt wurden in einer Studie des Marburger Bundes die hohe Belastung mit Verwaltungsaufgaben und Überstunden.[15] Darüber hinaus häufen sich die Anzeichen für Arbeitsüberlastungen.[16] Betrachtet man die Einstellung der Generation Y zu diesem Thema, besteht dringend Handlungsbedarf. Primärkodieren, Unterstützung bei der Aktenführung bzw. Dokumentation erscheinen für die Zukunft unerlässlich, um diese Mitarbeitergruppe zu binden. Auch Arbeitsinhalte und Dienstplangestaltung müssen verbessert werden, um Leerlaufzeiten zu minimieren.[17, 18, 19]

Neben finanziellen Anreizen sind vor allem Anreize der persönlichen Weiterentwicklung für Mitarbeiter der Generation Y wichtig. Hier sind nicht nur die für den Facharzt bzw. für die Fachweiterbildung relevanten Kurse mit Kostenübernahme des Krankenhauses ausschlaggebend, sondern auch Fortbildungen, bei denen Mitarbeiter ihre Kommunikations- und Managementfähigkeiten weiterentwickeln können. Über die Steinbeis-Hochschule wird der innerbetriebliche Managementkurs für Oberärzte als Inhouse-MBA angeboten. Wichtig für Motivation der Mitarbeiter ist auch die Anbindung an die Universität Witten-Herdecke. Hier ist eine akademische Weiterentwicklung für Ärzte (Promotion und Habilitation) sowie Pflegekräfte (Bachelor of Nursing und OTA als Bachelor)

14   Schmidt, CE./Möller, J./Hart. F. et al.: Erfolgsfaktoren im deutschen Krankenhausmarkt. Kliniken zwischen Verbundbildung und Privatisierung. Anästhesist 2007; 56:1277 – 1283.

15   Marburger Bund: Analyse der beruflichen Situation der angestellten und beamteten Ärzte in Deutschland. Eigenverlag, Landau, 2007 und unter: http://www.marburger-bund.de/marburgerbund/bundesverband/umfragen/mb-umfrage_2007/Ergebnisbericht-Presse-180907.pdf.

16   Von dem Knesebeck, O./Klein, J./Grosse Frie, K. et al.: Psychosoziale Arbeitsbelastungen bei chirurgisch tätigen Krankenhausärzten Dtsch Arztebl Int 2010; 107:248 – 253.

17   Parment ‚A.: Die Generation Y – Mitarbeiter der Zukunft: Herausforderung und Erfolgsfaktor für das Personalmanagement. Gabler Verlag, Wiesbaden, 2009.

18   Hentze, J./Graf, A./Kammel, A. Et al. (Hrsg.): Personalführungslehre, 4. Aufl., Haupt-Verlag, Bern / Stuttgart / Wien, 2005.

19   Neubauer, W.: Leadership und Wertemanagement, in: Eurich, J./ Brink, A. (Hrsg.): Leadership in sozialen Organisationen: Verlag für Sozialwissenschaften, Wiesbaden, 2009:47 – 59.

möglich. Diese Angebote werden nicht nur von jungen Nachwuchskräften stark nachgefragt sondern vor allem auch von Führungskräften im nächsten Karriereschritt.

Wichtig ist auch die Organisation und Breite der fachlichen und persönlichen Weiterbildungsmöglichkeiten. Letzteres ist nach aktuellen Untersuchungen der wichtigste Motivationsfaktor für die Auswahl eines Arbeitgebers.[20] Schließlich wird heutzutage ein familienfreundliches Unternehmen mit Kindertagesstätte, Ferienbetreuung, Teilzeit- und Wiedereingliederungsprogrammen geradezu erwartet. Dies vor allem, weil der überwiegende Teil der Mitarbeitenden im Krankenhaus, die der Generation Y angehören, weiblich ist. Hier sind mit den Elementen des Personalkonzeptes (Haus) wesentliche Aspekte umgesetzt worden, was sich in einem ungebrochenen Zuspruch von Bewerbern widerspiegelt.

Die Arbeitsorganisation kann ebenfalls die Motivation der Mitarbeiter fördern. Optimale Unterstützungsprozesse, sinnvolle Arbeitsinhalte und planbare Arbeitszeiten scheinen für die Generation Y noch wichtiger als für die vorherigen Generationen zu sein.[21, 22] Die kontinuierliche Anleitung, das Coaching und die persönliche Wertschätzung bzw. das Feedback an junge Mitarbeiter werden für Führungskräfte daher bedeutender. Hier werden Chefärzte und leitende Pflegekräfte sich weiter umstellen müssen. Genau hier setzen die Managementkurse der Kliniken der Stadt Köln an, die von Führungsworkshops und Einzelcoachings flankiert werden.

3.3 Kommunikation

Grundlegend überdacht werden müssen die Kommunikationsprozesse der Krankenversorgung. Dies betrifft vor allem die IT-Unterstützung. Generation Y ist mit dem Laptop und zahlreichen weiteren Technikkomponenten (Handy, MP3 Player) aufgewachsen und erwartet eine vergleichsweise technikgetriebene Arbeitsumgebung. Daher sind die elektronische Patientenakte, Radiologie Informationssysteme (RIS) und Picture Archiving and Communication-Systeme (PACS) sowie Order Entry-Lösungen, wie beispielsweise die elektronische Anmeldung von Untersuchungen bzw. Therapien, für den Krankenhausprozess sinnvoll. Ferner sind elektronische Diktate und Befundübermittlungen hilfreich.

---

20 Meyer, JE./Wollenberg, B./Schmidt, CE.: Die strukturierte HNO-Facharztweiterbildung – ein zukunftsweisendes Prinzip. HNO 2008; 56:955 – 60.

21 Leuzinger, A./Luterbacher, T. (Hrsg.): Mitarbeiterführung im Krankenhaus 3. Aufl., Huber, Bern, 2000.

22 Steiger, T./Lippmann, E. (Hrsg.): Handbuch Angewandte Psychologie für Führungskräfte. 3. Aufl., Springer Verlag, Heidelberg, 2008.

Generation Y erwartet nicht nur einen derartig ausgestatteten Arbeitsplatz, sie kann auch das volle Potential der Applikationen ausschöpfen.[23] Das wirkt wiederum prozessbeschleunigend und qualitätssteigernd auf den Kommunikationsprozess.

4 Schluss

Es gibt einen erheblichen Fachkräftemangel auch und gerade im Bereich von Medizin und Pflege – den entscheidenden Berufsgruppen eines Klinikums. Der Fachkräftemangel löst einen Wettbewerb um Fachkräfte aus, der ohne gezielte Personalplanung und gezielte PE-Konzepte nicht zu gewinnen ist. Mit guter Planung und soliden Konzepten, die wiederum als Projekte bewertet und umgesetzt werden, lassen sich Prognosedaten für eine langfristige und demographiefeste Personalplanung erstellen, die Abb. 9 darstellt. Nicht zu vernachlässigen ist dabei die so genannte Generation Y. Diese Generation der 20 – 30-jährigen ist u. a. durch ein hohes Selbstbewusstsein und eine eingeschränkte Kritikfähigkeit gekennzeichnet.

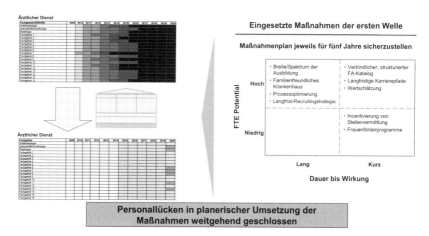

Abb. 9: Prognose der positiven Auswirkung der ersten Welle auf die Personallücke
Quelle: Kliniken der Stadt Köln gGmbH, 2010.

---

23 Parment ‚A.: Die Generation Y – Mitarbeiter der Zukunft: Herausforderung und Erfolgsfaktor für das Personalmanagement. Gabler Verlag, Wiesbaden, 2009.

Demographieorientierte bzw. biographieorientierte Personalpolitik setzt somit nicht nur aber insbesondere überall dort an, wo es der Gewinnung, Entwicklung und Bindung von Repräsentanten der Generation Y dient. Dies ist vor allem für die zukünftigen Herausforderungen des Krankenhausmanagements wichtig. Hier passen die Vernetzung der Sektoren, die IT-gestützte Optimierung von Prozessen sowie die kontinuierliche Technisierung der Medizin gut mit den Fähigkeiten der Generation Y zusammen. Die Entwicklung des Krankenhauses zur Lernenden Organisation kann besonders gut mit den Stärken der Generation Y gelingen. Dies vor allem, weil gerade die Repräsentanten der Generation Y für den Wandel besonders aufgeschlossen sind. Auf diese Weise fällt die kontinuierliche Weiterentwicklung des Krankenhauses als Unternehmen im Wettbewerb leichter. Generation Y wird also erheblich zur Professionalisierung und damit zur Wettbewerbsfähigkeit eines Krankenhauses beitragen. Ansätze, diese Mitarbeiter früh zu gewinnen, zu fördern und an das eigene Unternehmen zu binden wurden im vorliegenden Beitrag am Beispiel der Kliniken der Stadt Köln gGmbH aufgezeigt. Planung, strukturierte Umsetzung und Berücksichtigung der Generation Y sind daher die wichtigsten Herausforderungen des Personalmanagements für die nächsten Jahre.

Literatur

Blum K./Offermans, M.: Krankenhaus Barometer Umfrage 2009. Deutsches Krankenhaus Institut (DKI), Eigenverlag, Düsseldorf, 2009.

Martin, W.: Der Ärztemangel verfestigt sich, die Situation auf dem ärztlichen Stellenmarkt hat sich nicht verschärft. Deutsches Ärztebl. 2010; 107:161 – 162.

Marburger Bund: Analyse der beruflichen Situation der angestellten und beamteten Ärzte in Deutschland. Eigenverlag, Landau, 2007 und unter: http://www.marburger-bund.de/marburgerbund/bundesverband/umfragen/mb-umfrage_2007/Ergebnisbericht-Presse-180907.pdf

Wissenschaftliches Institut der AOK (WIdO): Ärztemangel – Ärzteschwemme? Auswirkungen der Altersstruktur von Ärzten auf die vertragsärztliche Versorgung, Bonn, 2007, letzter Abruf: 20.11.10. URL:http://wido.de/fileadmin/wido/downloads/pdf_publikationen/wido_amb_pub_mat48_0109.pdf, letzter Abruf: 20.11.10.

Blum K./Löffert, S.: Ärztemangel im Krankenhaus – Ausmaß, Ursachen, Gegenmaßnahmen – Forschungsgutachten im Auftrag der Deutschen Krankenhausgesellschaft, Deutsches Krankenhausinstitut, Eigenverlag, Düsseldorf, 2010.

Kopetsch, T.: Dem deutschen Gesundheitswesen gehen die Ärzte aus! Studie zur Altersstruktur und Arztzahlentwicklung, 5. aktualisierte und komplett überarbeitete Auflage, Bundesärztekammer und Kassenärztliche Bundesvereinigung, Eigenverlag, Berlin, 2010.

Industriebank AG (IKB)/Prognos AG: Die Gesundheitsbranche: Dynamisches Wachstum im Spannungsfeld von Innovation und Intervention, 2007 und unter http://www.prognos.com/fileadmin/pdf/publikationsdatenbank/ Broschuere_Gesundheitsbranche.pdf, letzter Abruf:23.10.2010.

PriceWaterhousCoopers (Hrsg.): Fachkräftemangel stationärer und ambulanter Bereich bis zum Jahr 2030, Eigenverlag, Frankfurt, 2010 und unter http://www.pwc.de/fileserver/RepositoryItem/Studie_Fachkr%C3%A4f temangel_Gesundheit.pdf?itemId = 43638020, letzter Zugriff: 24.10.2010.

Isfort, M./Weidner, F./Neuhaus A. et al.: Pflege-Thermometer 2009. Eine bundesweite Befragung von Pflegekräften zur Situation der Pflege und Patientenversorgung im Krankenhaus. Herausgegeben von: Deutsches Institut für angewandte Pflegeforschung e. V. (dip), Köln, 2010 und unter http://www.dip.de letzter Abruf: 30.11.2010.

Zentrum für Gesundheitswirtschaft und -recht (Hrsg.): OP-Barometer 2009. Arbeitssituation und Arbeitsumfeld der Funktionspflege im OP-Bereich. Eigenverlag, Frankfurt a. M., 2009.

WKK – Westküstenklinikum: Neue Wege zur Gewinnung von Ärztinnen und Ärzten

Harald Stender

1   Einleitung

Die Westküstenkliniken Brunsbüttel und Heide gGmbH (WKK – Westküstenklinikum) ist das Wichtigste medizinische Zentrum an der schleswig-holsteinischen Westküste und bietet grundlegende wie auch hoch spezialisierte medizinische Leistungen für die Menschen der Region und darüber hinaus an. Mit 784 Klinikbetten und 2200 Mitarbeitern ist das Klinikum das drittgrößte Gesundheitsunternehmen Schleswig-Holsteins. Es versorgt an den beiden Standorten Heide und Brunsbüttel jährlich rund 26.000 Patienten stationär und weitere 39.000 Patienten ambulant. Mit den beiden Universitätskliniken versorgt es landesweit komplexe und schwierige Krankheitsbilder in sieben spezialisierten Fachzentren. An das Klinikum angeschlossen sind vier medizinische Versorgungszentren in Heide, Brunsbüttel und St. Peter-Ording, die ambulante medizinische Leistungen anbieten und eng mit dem stationären Bereich zusammenarbeiten. Das Westküstenklinikum befindet sich in der Trägerschaft des Kreises Dithmarschen und kooperiert mit den vier weiteren kommunalen Kliniken in Schleswig-Holstein zum so genannten 5K-Verbund.

Das Westküstenklinikum sieht sich seit einigen Jahren bereits mit Schwierigkeiten in der Nachbesetzung frei werdender oder neu geschaffener Arztstellen konfrontiert. Ein Grund hierfür kann in der regionalen Lage an der Nordseeküste Schleswig-Holsteins gesehen werden, ein weiterer Grund in der bundesweit rückläufigen Anzahl an Fachärzten ausgewählter Fachrichtungen. Die Anzahl der Bewerber, die eine Facharztweiterbildung anstreben, ist kontinuierlich zurückgegangen, was die Auswahlmöglichkeiten unter geeigneten Personen eingeschränkt.

Vor allem sinkt die Bereitschaft, die Weiterbildung zum Facharzt für Allgemeinmedizin zu absolvieren. Der so entstandene Mangel an Fachärzten der Allgemeinmedizin stellt zusätzlich ein besonderes Problem dar: Da es immer weniger Ärzte gibt, die sich nach der Weiterbildung im Krankenhaus in einer Praxis niederlassen, können Praxisinhaber, die aus Altersgründen die Arbeit einstellen, nur schwer Nachfolger ihrer Landarztpraxen finden. Aufgrund langer Wartezeiten im ambulanten Bereich suchen Patienten daher vermehrt den direkten Weg in die örtlichen Kliniken, mit negativen Auswirkungen auf die Erlösmöglichkeiten der Kliniken.

2 Kampagne „Operation Nachwuchs"

Um der Problematik aktiv entgegen zu treten, startete das Westküstenklinikum Anfang des Jahres 2007 unter dem Namen „Operation Nachwuchs" eine Kampagne zur Gewinnung von ärztlichem Personal. Ziel der Kampagne war es, dem negativen Trend entgegenzuwirken und eine Weiterbildung zum Facharzt – insbesondere auch zum Facharzt für Allgemeinmedizin – an den Dithmarscher Krankenhäusern attraktiv zu machen. Darüber hinaus sollten junge Ärzte davon überzeugt werden, dass im Westküstenklinikum eine im Vergleich zu ähnlichen Einrichtungen bessere Weiterbildung angeboten wird und sich eine Zukunft in dieser Region gemeinsam gestalten lässt.

2.1 Der Weiterbildungskontrakt

Im Westküstenklinikum war vor Konzeption der Kampagne klar, dass sie nur erfolgreich sein würde, wenn sie die Ärztinnen und Ärzte wirklich „da abholt wo sie sind". Befragungen von jungen Bewerbern hatten ergeben, dass für angehende Fachärzte die Weiterbildungsmöglichkeiten höchste Priorität haben und der Standort der Klinik demgegenüber eher nachrangig ist. Es galt also, die Weiterbildungsbedingungen als Marketingfaktor einzusetzen und hervorzuheben, um junge Nachwuchskräfte aus den attraktiveren Städten Kiel und Hamburg für eine Tätigkeit an der Westküste zu gewinnen. Hierzu war offenkundig, dass der Standortnachteil mit einem attraktiven Alleinstellungsmerkmal korrigiert werden musste. Als geeignetes Mittel hierzu wurde ein so genannter „Weiterbildungskontrakt" entwickelt, der den jungen Medizinerinnen und Medizinern auch heute noch angeboten wird. Darin verpflichten sich sowohl Geschäftsführer als auch der zuständige Chefarzt, die Weiterbildung strukturiert und planbar durchzuführen und diese auch zu garantieren. Sollte die Garantie nicht eingehalten werden, erhalten die Ärztinnen und Ärzte einen „Fortbildungsscheck" in Höhe von 2000 Euro.

2.2 Die Kampagnentools

Die Kampagne arbeitete mit einer Website (www.operation-nachwuchs.de), mit Videoclips, Kinospots und Anzeigen im deutschen Ärzteblatt. Kreatives

Kernstück waren provokante Aussagen, die der Zielgruppe junger Ärztinnen und Ärzte aus dem Herzen sprachen.

2.2.1 Videoclip

Der 45-sekündige Videoclip zeigt einen jungen Mann, der auf dem Dach eines Hochhauses steht, mit einem Kugelschreiber nach unten visiert und diesen fallen lässt. Danach rennt er das Treppenhaus hinunter und zieht dabei einen weißen Kittel an. Auf der Straße angekommen, schiebt er Passanten zur Seite, die vor einer am Boden liegenden Frau mit einem Kugelschreiber im Kopf stehen, und beugt sich nieder mit den Worten: „Lassen Sie mich durch, ich bin Arzt". Eingeblendete Botschaft des Clips: „Auf der Suche nach mehr Praxis in der Weiterbildung – Westküstenkliniken Brunsbüttel und Heide gGmbH. www.operation-nachwuchs.de".

Der Spot wurde im Internet verbreitet und hatte innerhalb von drei Wochen mehr als eine Million Zugriffe. Rückmeldungen kamen aus der gesamten Bundesrepublik und vielen europäischen Ländern. Es gab zahlreiche negative Rückmeldungen, überwiegend von Ärzten. Es gab aber auch viele zustimmende und lobende Kommentare. Eines jedenfalls wurde mit diesem Videoclip erreicht: Aufmerksamkeit – und damit auch das Hauptziel dieser Aktion. Das Westküstenklinikum sollte als Weiterbildungskrankenhaus bekannt werden.

Abb. 1: Videoclip
Quelle: Westküstenklinikum Brunsbüttel und Heide gGmbH 2010.

2.2.2 Kino

Im Frühjahr 2007 wurde der Videoclip in Programmkinos in Kiel, Lübeck und Hamburg gezeigt. Auch hier erregte er Aufmerksamkeit – insbesondere, weil zuvor noch kein deutsches Krankenhaus in diesem Medium und auf diese Weise für sich geworben hatte.

2.2.3 Anzeigenwerbung

Im deutschen Ärzteblatt wurde zum gleichen Zeitpunkt eine Anzeigenkampagne gestartet. Neu war die Idee, auf jeweils einer kompletten Seite nur die Botschaft des Westküstenklinikums zu transportieren. Kreativer Kern der Anzeigen waren wiederum provokante Claims: „Wir stecken den Profit nicht in die Taschen irgendwelcher Aktionäre, sondern in Ihre Weiterbildung" oder: „Wir mögen wohl etwas weit ab vom Schuss liegen, aber was die Weiterbildung angeht, haben wir ihn gehört" oder: „Wir haben Chefärzte, die sich etwas einbilden, und zwar auf unsere Weiterbildungsgarantie." Erst auf der nachfolgenden Seite erschien dann die jeweils konkrete Stellenanzeige. Die Anzeigenmotive wurden insgesamt dreimal mit dem „Big Award" des Deutschen Ärzteblattes in der Kategorie „Beste Stellenanzeige" ausgezeichnet.

WIR STECKEN UNSEREN PROFIT NICHT IN DIE TASCHEN IRGENDWELCHER AKTIONÄRE, SONDERN IN IHRE WEITERBILDUNG.

Abb. 2: Anzeigen im Ärzteblatt
Quelle: Westküstenklinikum Brunsbüttel und Heide gGmbH 2010.

Abb. 3: Verleihung des Big Award 2009
Quelle: Westküstenklinikum Brunsbüttel und Heide gGmbH 2010.

2.2.4 Banner- und Plakatwerbung

Im Oktober und November 2007 wurde in den Städten Kiel, Lübeck und Hamburg auf Hauptstraßen im Umfeld medizinischer Fakultäten und Universitäten geworben. 500 Plakatflächen wiesen auf die gute Weiterbildung des Westküstenklinikums hin; zusätzlich wurde als spektakuläre Aktion über die Pfingstfeiertage ein Banner über der Autobahnabfahrt Heide-West befestigt, mit dem Slogan: „Gute Ärzte fahren nach Sylt, bessere Ärzte fahren hier ab."

Abb. 4: Plakataktion
Quelle: Westküstenklinikum Brunsbüttel und Heide gGmbH 2010.

Abb. 5: Autobahnbanner
Quelle: Westküstenklinikum Brunsbüttel und Heide gGmbH 2010.

2.3 Die Bewertung

Die Werbekampagne „Operation Nachwuchs" war aus Sicht des Westküstenklinikums ein Erfolg. Dabei zählte weniger der konkrete Erfolg der Kampagne – die Zahl interessierter Bewerberinnen und Bewerber stieg zunächst deutlich an, nahm dann erwartungsgemäß aber wieder ab – als die Tatsache, dass sich das Westküstenklinikum mit der Kampagne den Ruf erworben hat, innovative und nicht immer alltägliche Wege zu gehen. Diesem Ruf fühlen wir uns weiterhin verpflichtet.

3 Marketingfaktor „Ärztemessen"

Zunehmende Bedeutung gewinnt aus Sicht der Klinikleitung die Teilnahme und Präsentation des Westküstenklinikums auf den einschlägigen Messen für angehende junge Ärztinnen und Ärzte. Das Westküstenklinikum nimmt daher aktiv mit Informationsständen an Messen wie „Perspektiven und Karriere" des Deutschen Ärzteblattes im Langenbeck-Virchow-Haus in Berlin, am Regionalkongress Nord des Deutschen Ärzteblattes im Universitätsklinikum Eppendorf sowie an der Messe DocSteps in Berlin teil. Die Messebeteiligungen treffen auf großes Interesse: Hunderte von interessierten Medizinstudenten informieren sich über das Praktische Jahr im Westküstenklinikum und über eine mögliche Weiterbildung zum Facharzt. Durch die Präsentation auf den Messen ist es u. a. gelungen, die Nachfrage nach den PJ-Plätzen merklich zu steigern.

Abb. 6: Perspektiven und Karriere Berlin
Quelle: Westküstenklinikum Brunsbüttel und Heide gGmbH 2010.

4   Attraktives PJ

Für die PJ Studenten wurden eigene Informationsmaterialien und Werbemittel erstellt, um die Fragen rund um das PJ im Westküstenklinikum ausführlich zu beantworten und um zugleich auch den Freizeitwert der Region zu betonen. Und das mit Erfolg: In den Wintermonaten 2010/2011 waren gleichzeitig bis zu 35 Studentinnen und Studenten im Haus, für die PJ-Beauftragten der Kliniken eine große Herausforderung. Um das PJ besonders attraktiv zu machen, erhalten die Studentinnen und Studenten freie Unterkunft und Verpflegung und eine Vergütung von 400 Euro; die Freizeiteinrichtungen des Klinikums (Fitnessbereich, Schwimmbad) können kostenfrei genutzt werden. In den Klinken findet regelmäßig PJ-Unterricht statt, im angeschlossenen Bildungszentrum gibt es wöchentlich Vorlesungsangebote aus dem medizinischen aber auch aus dem kaufmännischen Bereich. Für die Studenten besteht ein Dienstplan, der nach individuellen Wünschen geändert werden kann. Großer Beliebtheit erfreut sich die Mitfahrt auf dem Notarztwagen des Rettungsdienstes für einige Tage – dies wird ebenfalls ermöglicht. Mittlerweile ist durch Mund-zu-Mund-Propaganda das Westküstenklinikum bei Studenten so begehrt, dass die Plätze bis 2012 fast komplett ausgebucht sind und bereits einige Vormerkungen für das Jahr 2013 vorliegen. Vor allem aber konnten in den vergangenen 12 Monaten vier ehemalige PJ Studenten als Weiterbildungsassistenten im Westküstenklinikum Heide eingestellt werden.

Abb. 7: Studenten im WKK Heide
Quelle: Westküstenklinikum Brunsbüttel und Heide gGmbH 2010.

5 Attraktiverer „Arbeitsplatz Klinik"

Nicht zuletzt auf Grund des Arbeitszeitgesetzes hat sich der Klinikalltag in Deutschland gewandelt. Auch im Ärztlichen Dienst des Westküstenklinikums ist die 40-Stunden-Woche umgesetzt, Ärztinnen und Ärzte verfügen über individuelle Möglichkeiten des Freizeitausgleichs. Ein jährliches Mitarbeitergespräch stellt am Westküstenklinikum zusätzlich sicher, dass Vorgesetzte sich regelmäßig mit dem Stand der Weiterbildung und möglichen Mängeln auseinandersetzen.

Zu einem attraktiven Arbeitsplatz zählen auch die Vereinbarkeit von Familie und Beruf sowie Angebote zur Freizeitgestaltung. Das Westküstenklinikum Heide hat bereits 2008 auf dem Betriebsgelände einen Kindergarten mit insgesamt 90 Plätzen errichtet, der eine Betreuung von sechs Uhr morgens bis 18.30 Uhr abends gewährleistet, dies auch für unter dreijährige Kinder. Damit sich Mitarbeiterinnen und Mitarbeiter auch außerhalb des Arbeitsumfeldes treffen und kennen lernen können, finden regelmäßig After Work Partys, Fußballturniere und Betriebsfeste statt. Zudem gibt es einen klinikeigenen Lauftreff.

6 „Dithmarscher Hausarztmodell"

Um die Einbindung der Kliniken in die Versorgungsstruktur zu verbessern, wurde das so genannte „Ditmarscher Hausarztmodell" geschaffen.

Dabei bildet das Westküstenklinikum gezielt Ärztinnen und Ärzte über den Eigenbedarf hinaus zu Fachärzten für Allgemeinmedizin und damit potenziellen Hausärzten aus. Die Ärztinnen und Ärzte erhalten einen Vertrag für die gesamten sechs Jahre der Weiterbildung, dies bei voller Vergütung nach dem Tarifvertrag TV Ärzte/VKA auch für die 24 Monate Weiterbildung in der niedergelassenen Praxis. Die Klinik kümmert sich um die zeitliche Abfolge der Weiterbildung in der Inneren Medizin und der Chirurgie; mit niedergelassenen Ärzten bestehen Kooperationen für den Einsatz der Weiterbildungsassistenten im ambulanten Bereich. Nach Abschluss der Weiterbildung zum Hausarzt können die Ärztinnen und Ärzte als niedergelassene Praxisbetreiber tätig werden oder als Angestellte in einem MVZ des Westküstenklinikums, auch die Teilzeitvariante ist möglich.

Um das Hausarztmodell zu fördern, finden vom Westküstenklinikum initiierte „Kontaktbörsen" statt, auf der die Weiterbildungsärztinnen und -ärzte des Klinikums mit niedergelassen Kolleginnen und Kollegen zusammen kommen. Ziel ist das Kennenlernen untereinander und somit die Chance, über eine gemeinsame Praxistätigkeit oder -übernahme zu sprechen.

7 Ausblick

Die Geschäftsleitung des Westküstenklinikums weiß, dass der Markt für gute Mitarbeiterinnen und Mitarbeiter immer enger wird und setzt daher auf zwei zentrale Strategien: Erstens, den „Arbeitsplatz Klinik" für junge Ärztinnen und Ärzte attraktiv machen, indem die Karriereziele der jungen Ärzte bei gleichzeitiger Vereinbarkeit von Beruf und Familie optimal berücksichtigt werden. Zweitens, intensiv mit den Menschen zu kommunizieren, die wir zu uns holen wollen und ihnen von dem berichten, was das Leben und Arbeiten hier für uns alle so wünschenswert macht. Für die intensive und professionelle Kommunikation werden wir unsere Kampagne „OP Nachwuchs" fortsetzen und vermehrt mit neuen Medien, also im Internet und den sozialen Netzwerken, für das Westküstenklinikum werben.

Von Nachwuchsförderung bis Mitarbeiterorientierung – Die GLG mbH bietet mehr als nur einen Arbeitsplatz

Harald Kothe-Zimmermann

Die Gesellschaft für Leben und Gesundheit mbH (GLG) ist ein Unternehmen der Landkreise Barnim, Uckermark und der Stadt Eberswalde im Nordosten des Landes Brandenburg.

Als Marktführer in der regionalen Gesundheitswirtschaft bieten wir das komplette Leistungsspektrum der Krankenhausversorgung an. Zu uns gehören vier Krankenhäuser, zwei Medizinische Versorgungszentren, eine ambulante Pflege, ein ambulantes Rehabilitationszentrum und weitere Unternehmensbereiche.[1]

Wir grenzen direkt an Berlin. Die Auswirkungen dieser Randlage an der wichtigsten Metropole Deutschlands kommen uns einerseits zugute, wir finden Personal, andererseits wirken sie sich problematisch auf das Unternehmen aus, vorrangig durch Abwerbung aus der Region. Unsere beiden Hauptproblemfelder sind in Anbetracht der Nähe zahlreicher Krankenhauskonzerne in der benachbarten Hauptstadt und deren Angeboten die Personalgewinnung und die hohe Fluktuation unserer Ärzte. Die GLG reagiert darauf und auf die ohnehin schwierige Arbeitsmarktsituation und den Fachkräftemangel mit einem strategisch ausgerichteten, breit angelegten Personalkonzept.

Eine halbe Stunde Zugfahrt von unserem größten Krankenhausstandort in Eberswalde entfernt, locken Berliner Krankenhausunternehmen mit gut bezahlten Arztstellen in einer pulsierenden Großstadtlage.

Um hier trotz der Randlage in der brandenburgischen Provinz konkurrenzfähig zu sein, haben wir für Bewerber ein attraktives Bündel von Maßnahmen geschnürt. Das sind:

- ein klares Unternehmensprofil,

---

1 Eine ausführliche Übersicht zur Unternehmensstruktur und weitere Informationen finden Sie auf unserer Homepage www.glg-mbh.de.

- Marktführerschaft in der regionalen Gesundheitswirtschaft,

- attraktive Arbeitsplätze,

- sehr hohes Qualitätsbewusstsein,

- zielgerichtete Investitionen,

- besondere Mitarbeiterorientierung,

- regionale Identifikation,

- vielschichtiges Engagement,

- eine strategisch ausgerichtete Personalentwicklungsarbeit.

Zur Personalgewinnung nutzen wir verschiedene Möglichkeiten, um mit diesen Eckpfeilern unseres Unternehmenserfolgs berufsgruppenbezogen aufgearbeitet zu werben. Die GLG als attraktiver und leistungsstarker Arbeitgeber präsentiert sich durch ein einheitliches Corporate Design (CD).

Unsere Unternehmensidentität muss schnell und eindeutig erkennbar sein. Dazu haben wir alle (externen und auch unsere internen) Kommunikationsmittel umgestaltet. Mit dieser Arbeitgebermarke sind wir in den klassischen Bereichen der Werbung in Print-, Internet-, Radio- und Fernsehmedien unterwegs. Gezielte Arbeitsplatzanzeigen werden durch regelmäßige Imagewerbung ergänzt. Letztere dient vor allem im regionalen Umfeld der Information über Leistungsangebote und Engagement und der Möglichkeit der Identifikation mit uns.

Wir besuchen Jobbörsen und Messen, um für uns Personal zu gewinnen. Je nach Berufsgruppe finden diese in der Region, aber auch überregional und international statt. In unserem Unternehmen gibt es auch die Aktion „Mitarbeiter werben Mitarbeiter". Sie bezieht sich auf die erfolgreiche Empfehlung von gesuchten Assistenz- und Fachärzten und wird mit einer Geldprämie honoriert.

Das alles reicht unserer Meinung nach längst nicht aus, um genügend Ärzte für die Zukunft zu uns zu holen. Deshalb bemühen wir uns besonders um unseren Nachwuchs.

Seit 2006 gibt es das GLG-Stipendium. Wir möchten damit unseren medizinischen Nachwuchs sichern, unsere Stipendiaten frühzeitig und langfristig an die GLG und die Region binden. Uns ist als größtem Arbeitgeber der Region das Engagement in und für die Gesundheitsregion NordOstBrandenburg sehr wichtig.

In Brandenburg gibt es keine medizinische Fakultät. Studenten aus der Region müssen diese zum Studieren verlassen.

Das GLG-Stipendium ist eine Form, die jungen Leute danach zurück in ihre Heimat zu holen. Deshalb wird das Stipendium an Studentinnen und Studenten der Medizin vergeben, die aus unserer Region stammen und nach ihrem Studium ihren Arbeitsplatz als Ärztin oder Arzt in einem Unternehmen der GLG antreten.

Das GLG Stipendium bietet eine finanzielle Unterstützung während des Medizinstudiums in einer Höhe von monatlich bis zu 500 Euro. Nach Bestehen der 2. ärztlichen Prüfung erhält der Stipendiat ein Angebot zur Festanstellung als Ärztin/Arzt in Weiterbildung in einem Unternehmen der GLG. Der Vertrag regelt weiterhin, dass nach Notwendigkeit und vorhandenen Möglichkeiten nötige praktische Ausbildungen und Famulaturen in den Unternehmen der GLG absolviert werden können. Der Stipendiat muss im Gegenzug einige Bedingungen erfüllen: das Studienziel in vorgesehener Zeit erreichen, regelmäßige Nachweise über absolvierte Studienabschnitte und Prüfungen vorweisen und sich nach erfolgreich absolviertem Studium für ein Beschäftigungsverhältnis in einem Unternehmen der GLG für mindestens drei Jahre verpflichten.

Bewerben können sich Abiturienten, die im Vergabejahr des Stipendiums ein Medizinstudium beginnen oder bereits eingeschriebene Medizinstudenten. Die Bewerber müssen aus der Region Barnim/Uckermark/Märkisch Oderland kommen.

Inzwischen ist das Stipendium 30 Mal vergeben worden. Sechs Stipendiaten haben ihr Studium bereits erfolgreich abgeschlossen und arbeiten in Unternehmen der GLG.

Wer in dieser Region seine Wurzeln hat, sich über einige Jahre hinweg keine Sorgen um einen Arbeitsplatz machen muss und zudem noch finanziell unterstützt wird, der verlässt die Region und den Arbeitgeber nicht so schnell.

Wir erreichen so mit dem Stipendium nicht nur die Sicherung unseres eigenen Nachwuchses, sondern wirken auch der Fluktuation entgegen. Mussten wir in den Anfangsjahren der Vergabe des Stipendiums noch kräftig dafür die Werbetrommel rühren, hatten wir 2010 erstmals mehr Bewerber als zur Verfügung stehende Stipendien, Tendenz steigend.

Das größte Krankenhaus der GLG, das Werner Forßmann Krankenhaus in Eberswalde ist akademisches Lehrkrankenhaus der Charité Berlin. Das ist für uns derzeit die beste Möglichkeit, möglichst viele Medizinstudenten mit attraktiven Weiterbildungsangeboten im Rahmen der Facharztausbildung für unser Unternehmen zu interessieren. In Zusammenarbeit mit der Landesärztekammer Brandenburg nutzten wir 2010 erstmals die Möglichkeit, uns vor über 200 Medizinstudenten im sechsten Studienjahr zu präsentieren. Hier sind Weiterbildungsmöglichkeiten und -befugnisse wichtig. Aufgrund unserer Unternehmensstruktur sind wir z. B. als einziges Unternehmen Brandenburgs in der Lage, die Weiterbildung zum Allgemeinmediziner aus einer Hand, also inkl. Praxiszeit, anzubieten. Besonders nachgefragt sind die Möglichkeiten der Unterstützung im Praktischen Jahr.

Wir haben uns für eine noch umfangreichere Unterstützung von PJ'lern entschieden. Für PJ-Studenten bieten wir eine fachübergreifende Fortbildungsreihe an, finanzieren eine Unterkunft oder das Fahrgeld zu uns und ermöglichen ein kostenfreies Mittagessen. Jeder Medizinstudent, der bei uns sein praktisches Jahr absolviert, hat grundsätzlich ab Januar 2011 die Möglichkeit auf ein Stipendium in Höhe von monatlich 350 Euro. Für diejenigen, die sich während dieser Zeit für eine Weiterbeschäftigung in unserem Unternehmen für mindestens zwei weitere Jahre nach erfolgreich abgeschlossenem Studium entscheiden, erhöht sich während des Praktikums das monatliche Stipendium auf 500 Euro.

Derartige Anreize sind wichtig und eine Arbeitsplatzgarantie sorgt für Sicherheit. Angehende Ärzte schauen sich auch sehr genau an, was der Arbeitgeber sonst noch so zu bieten hat, wie er mit seinen Mitarbeitern umgeht, welche Entwicklungsmöglichkeiten es gibt, wie gegebenenfalls die Familie eingebunden werden kann und was der Ort, die Region zu bieten hat.

Personalgewinnungsmaßnahmen für den ärztlichen Dienst haben auf Grund des Ärztemangels oberste Priorität. Dennoch verlieren wir auch die anderen Berufsgruppen nicht aus den Augen. Auch die Bewerbungen für den Bereich der Pflegeberufe haben abgenommen. In unserem Konzept zur Akquise von Auszubildenden in Pflegeberufen schreiben wir konkrete Angebote zur Berufsorientierung fest. Dazu gehören Angebote im Krankenhaus, wie der klassische Tag der offenen Tür, aber auch z. B. Lehrertouren, die in Zusammenarbeit mit dem Schulamt und der Ausbildungsstätte durchgeführt werden. Gemeinsam mit dem Berufsinformationszentrum wollen wir viel stärker in den Schulen unterwegs sein. Die Schüler, auch Lehrer und die Eltern müssen besser und rechtzeitiger über die Berufsbilder in der Pflege informiert sein. Neben der ausführlichen Präsentation der Ausbildungsberufe in unseren Ausbildungsbroschüren, setzen wir zusätzlich auf persönliche Ansprechpartner, auf von uns für die Lehrkräfte zur Verfügung gestelltes Infomaterial und auf gemeinsame Projekte. Ein Jahres-Aktionsplan enthält alle Termine und Aktionen, an denen wir teilnehmen, um Azubis zu akquirieren.

Unsere Mitarbeiter haben für die Qualität von Gesundheitsleistungen eine entscheidende Bedeutung. Nur gesunde und motivierte Mitarbeiter können optimal für die Gesundheit von Menschen sorgen. Deshalb haben wir in der Mitarbeiterorientierung einen Schwerpunkt gesetzt und ungewöhnliche Ideen entwickelt. Mitarbeiterorientierung ist Patientenorientierung.

Wer in der GLG arbeitet weiß, dass bei uns Qualität großgeschrieben wird und uns die Vereinbarkeit von Beruf und Familie ebenfalls wichtig ist. Jedes Krankenhaus ist KTQ-zertifiziert. Es gibt verschiedene Arbeitszeitmodelle, schnittstellenübergreifende Zusammenarbeit, Service für Familien genauso wie Stärkung von Kompetenzen aller Mitarbeiter, besonders der Führungskräfte, bis hin zu gesundheitsfördernden Angeboten. Unsere Mitarbeiter arbeiten mit modernster Technik. Wir kooperieren mit zahlreichen Partnern und sind Mitglied in verschiedenen Netzwerken, was sich positiv auf die Arbeitsvielfalt und Weiterbildungsmöglichkeiten auswirkt.

Jeder Mitarbeiter kann sich aktiv mit Ideen zur Verbesserung seines Arbeitsumfeldes einbringen, es gibt ein betriebliches Vorschlagswesen und regelmäßige Befragungen.

Im Jahr 2009 haben wir den GLG-Verhaltenskodex gemeinsam mit Mitarbeitern aus allen Berufsgruppen entwickelt. Dieser Kodex bezieht sich auf das Verhalten der Mitarbeiter untereinander, auf eine professionelle Führung der Mitarbeiter, den einfühlsamen Umgang mit Patienten und externen Kunden, den konsequenten Schutz der Umwelt und auf die kontinuierliche Sicherung der Qualität. In diesem Zusammenhang haben wir Mitarbeiterjahresgespräche eingeführt, dazu einen Leitfaden entwickelt und jede Führungskraft geschult. Für jeden Mitarbeiter wird zukünftig eine persönliche Qualifizierungs- und Personalentwicklungsplanung im Rahmen des Mitarbeiterjahresgespräches erstellt und eine Fortbildungsbedarfsplanung abgegeben.

Im Verhaltenskodex ist u. a. die Verpflichtung zur Durchführung des Mitarbeiterjahresgespräches genauso verankert, wie das Recht auf Teilnahme der Führungskräfte an einem jährlichen Führungstraining.

Es gibt Fortbildungsangebote, die die Fachkompetenzen der Mitarbeiter stärken oder erweitern, aber auch berufsgruppen-spezifische Angebote, die alle im GLG- Fortbildungskalender aufgeführt stehen.

Abseits vom direkten Arbeitsalltag bieten wir unseren Mitarbeitern eine Menge, um sie an das Unternehmen zu binden.

Wer aus einer anderen Region zu uns ziehen möchte, weil er bei uns arbeiten will, den unterstützen wir bei der Suche nach Wohnraum, zum Teil übernehmen wir auch Umzugskosten.

Für Familien mit Kindern bieten wir Kita-Plätze in Partner-Kitas an, die auf verlängerte Betreuungszeiten eingestellt sind. Wir fördern Musikschulunterricht für Mitarbeiterkinder. Unsere Mitarbeiter kommen in den Genuss zahlreicher Rabatte, die wir mit regionalen Anbietern und Geschäften vereinbaren konnten. Wer Erholung braucht, kann die betriebseigenen Ferienhäuser nutzen. Und das Feiern gehört bei uns ebenfalls dazu, bietet es doch Raum für Anerkennung von Leistungen, vor allem aber Stärkung des Zusammengehörigkeitsgefühls. In jedem Jahr feiern wir an jedem Krankenhausstandort das Mitarbeiterfest, die Weihnachtsfeier für Kinder, für Rentner und es gibt auch jährlich unser GLG-Sportfest.

Mit dem GLG-Bike kommen wir einem Teil unserer Mitarbeiter auf dem Weg zur Arbeit „entgegen". Wir stellen kostenfrei Fahrräder im GLG-Design für unsere Berufspendler zur Verfügung. Sie können damit die Strecke vom Bahnhof zum Krankenhaus schneller zurücklegen. Die GLG-Bikes werden an all unseren Krankenhausstandorten angeboten, also in Eberswalde, Angermünde und Prenzlau. An den Bahnhöfen wurden extra Abstellplätze eingerichtet. Die GLG-Bikes werden auch im Stadtbild wahrgenommen und ergeben so einen besonderen Werbeeffekt. Es wird als positiv erlebt, dass das Unternehmen sich für die Mitarbeiter und ihre Gesundheit sowie für eine gesunde Umwelt einsetzt.

Für die Bindung der Mitarbeiter an unser Unternehmen sind auch die exklusiven, nicht öffentlichen Veranstaltungen initiiert, die es nur für GLG Mitarbeiter gibt. Dazu gehören im Laufe eines Jahres mehrere hochkarätige klassische Konzerte, ein Comedyabend und ein Rock/Pop Konzert, mit renommierten regional und überregional bekannten Künstlern, wie z. B. Mirja Boes, Karat, City.

Die Vereinbarkeit von Beruf und Familie zieht sich wie ein roter Faden durch unser gesamtes Unternehmen und beeinflusst alle Bereiche der Arbeit. Einen kleinen Teil davon – die Personalgewinnung und die Mitarbeiterorientierung – haben wir ausschnittweise hier dargelegt.

Um im gesamten Themenfeld gut aufgestellt zu sein, haben wir uns zum Thema Vereinbarkeit von Beruf und Familie zu einer professionellen Auditierung entschieden. Das bedeutete neben einem intensiven Blick in jede Klinik, Abteilung und Berufsgruppe, auch das Aufzeigen von Schwachstellen und möglichen Potenzialen inklusive der Vereinbarung konkreter weiterführender Ziele.

Im Juni 2010 haben wir von der Bundesfamilienministerin Christina Schröder das Zertifikat zur Vereinbarkeit von Beruf und Familie bekommen und damit die Bestätigung für familienfreundliche Arbeitsplätze erhalten.

Unsere unermüdlichen Ideen zur Mitarbeiterorientierung und die innovativen Marketingaktivitäten dazu sind vom Zentralen Marketingverband in der Gesundheitswirtschaft und Medizin Deutschlands im September 2010 als das beste Klinikmarketing Deutschlands bewertet worden. Wir sind stolz auf den „ZeMark-Med Award", der uns jetzt gehört und darauf, mit der Bestplatzierung abgeschnitten zu haben.

Durch die Vielzahl unserer Aktivitäten zur Mitarbeitergewinnung und Mitarbeiterbindung konnte die Anzahl der freien Stellen im Unternehmen deutlich reduziert und die früher sehr hohe Fluktuationsrate auf ein erträgliches Maß reduziert werden. Insbesondere mit dem GLG Stipendium, den exklusiven Veranstaltungen, dem GLG Bike und unseren Weiterbildungsmöglichkeiten haben wir in der Region deutliche Impulse gesetzt, die bundesweite Beachtung fanden.

Mitarbeitergewinnung und -bindung bei der Olympus Deutschland GmbH

Heino Plöger/Esther Kebbel/Christiane Iwanoff

1 Über Olympus

Olympus ist führender Hersteller optodigitaler Produkte für die Bereiche Fotografie, Medizin und Forschung. Das Unternehmen wurde 1919 in Japan gegründet und beschäftigt heute weltweit rund 33.000 Mitarbeiter. Davon arbeiten ca. 4700 für die Olympus Europa Gruppe. Von der europäischen Konzernzentrale in Hamburg aus werden über 40 Vertriebs-, Service- und Produktionsgesellschaften in Europa, Afrika und dem Nahen Osten betreut. Diese sind in den Geschäftsfeldern Medical (flexible und chirurgische Endoskopie), Life Sciences (Mikroskopie) sowie Consumer (Kameras, Audiosysteme, Ferngläser) tätig.

Die Olympus Deutschland GmbH ist mit rund 500 Mitarbeitern die größte europäische Vertriebsorganisation und zeichnet für die Vermarktung und die After-Sales-Betreuung der gesamten Produktpalette des Opto-Digital-Spezialisten verantwortlich.

2 Aktuelle personalpolitische Herausforderungen am Beispiel des Vertriebes in der Medizintechnik

Eine große Herausforderung für den Bereich der Medizintechnik in Deutschland ist die Rekrutierung qualifizierter Vertriebsmitarbeiter vom externen Arbeitsmarkt.

Einer der Hintergründe hierfür liegt im demographischen Wandel, der die Anzahl der verfügbaren Arbeitskräfte generell sinken lässt.

Eine weitere wichtige Ursache für den Mangel an Vertriebsmitarbeitern liegt darin, dass Nachwuchskräfte, insbesondere auch Universitätsabsolventen, ihre berufliche Perspektive in erster Linie im Bereich Forschung und Entwicklung sowie technisch ausgerichteter Beratung sehen und sich eher nicht auf Positionen im Vertrieb bewerben.

Eine weitere Herausforderung besteht darin, dass die Mitarbeiter im Vertriebsaußendienst auf veränderte Anforderungen eingestellt sein müssen. Stand noch vor wenigen Jahren die fachspezifische Beratung von Spezialisten im Vordergrund, so kommuniziert ein Vertriebsmitarbeiter heute mit diversen Zielgruppen, die wesentlichen Einfluss auf Kaufentscheidungen haben.

Ein Verkäufer in der Medizintechnik wird nur dann erfolgreich sein, wenn ihm die Kommunikation mit allen eingebundenen Zielgruppen gelingt. Es gilt, sowohl mit den (Fach-)Ärzten, den Medizintechnikern, dem verantwortlichen medizinischen Personal als auch der Einkaufsabteilung zu verhandeln und zielgruppenorientiert zu kommunizieren.

Hier stehen somit neben der richtigen Auswahl neuer Mitarbeiter vor allem die Qualifizierung und Weiterentwicklung des bestehenden Personals in Bezug auf die geänderten Rand- und Rahmenbedingungen im Vordergrund. Gefragt sind somit kreative Lösungen.

3 Personalkonzepte

Als Antwort auf die oben beschriebenen Herausforderungen hat Olympus verschiedene Maßnahmen zur Mitarbeitergewinnung und -bindung entwickelt.

3.1 Personalgewinnungsstrategien

Eine wichtige Unterstützung bei der Personalgewinnung ist das Olympus-Personalmarketingkonzept. So liegen bereits seit Jahren Kooperationen mit nach Fachgebieten und regionalen Standorten ausgewählten Universitäten vor. Dabei werden unter anderem konkrete Projekte in Kooperation mit Lehrstühlen oder studentischen Unternehmensberatungen vergeben. Durch diese haben Studierende die Möglichkeit, an einem Praxisprojekt unseres Unternehmens mitzuarbeiten. In den letzten Jahren wurden Aufgabenstellungen wie Kundenzufriedenheitsstudien, Mitwirkung an Marketingstrategien oder Analyse von Kaufverhalten durch studentische Projektgruppen bearbeitet. Auf diese Weise konnten die Studenten aktuelle Aufgabenstellungen des Unternehmens bearbeiten und Olympus als potenziellen Arbeitgeber kennen lernen. Studenten bewerben sich im

Anschluss häufig für Praktika oder Werkstudententätigkeiten. Der erste Schritt in Richtung Einstieg bei Olympus ist getan.

Ein weiterer wesentlicher Baustein im Personalmarketing ist das umfangreiche Praktikantenprogramm. Studierende unterschiedlicher Fachrichtungen haben die Möglichkeit ein qualifiziertes Praktikum zu absolvieren. Es handelt sich dabei um einen Mix aus typischen Arbeitsaufgaben eines Fachbereichs und der Mitwirkung an einem Projekt. Ferner wird den Praktikanten durch Mitfahrten bei erfahrenen Außendienstmitarbeitern das direkte Kennenlernen der Vertriebstätigkeit ermöglicht.

Für besonders gute Leistungen bieten wir den Praktikanten die Aufnahme in unser Bindungsprogramm ‚In Touch with Olympus', kurz „IntO", an. Auf diese Weise stellen wir sicher, dass wir über das Praktikum bei Olympus hinaus in ständigem Kontakt mit Absolventen bleiben, die sich ausgezeichnet haben.

Es handelt sich bei „IntO" um ein Programm für Studierende nach ihrem Praktikum oder der Werkstudententätigkeit. Mit diesem studienbegleitenden Programm wollen wir die leistungsstärksten Studentinnen und Studenten bei Olympus fördern und bereiten sie bereits während ihrer universitären Ausbildung auf eine zukünftige Aufgabe in unserem Unternehmen vor. IntO bietet diesen Studierenden die Möglichkeit, an internen Weiterbildungen und Workshops zu aktuellen Business-Themen teilzunehmen. Darüber hinaus haben die Teilnehmer die Gelegenheit, sich bei regelmäßigen Round-Table-Diskussionen mit Führungskräften und Fachspezialisten über Tätigkeiten und Einstiegsmöglichkeiten bei Olympus näher zu informieren.

Um eine neue Bewerbergruppe zu erschließen und Absolventen und Quereinsteiger für den Eintritt in den Vertrieb zu interessieren, hat Olympus vor einigen Jahren das Programm „Einstieg in den Vertriebsaußendienst" eingeführt. Es wendet sich an die Zielgruppen der Universitätsabsolventen und Kandidaten mit einschlägiger Ausbildung, beispielsweise an Krankenpflegepersonal. Berufseinsteiger sowie Quereinsteiger aus anderen Berufen werden im Rahmen eines 18monatigen Programms zu Verkäufern in der Medizintechnik ausgebildet.

Durch Teilnahme an diesem Programm lernen die Einsteiger die Philosophie und das Aufgabengebiet unseres Außendienstes kennen und haben nach 18 Monaten die Möglichkeit, als Verkäufer für medizinische Produkte eigenständig ein Vertriebsgebiet zu übernehmen. In der ersten Phase des Ausbildungsprogramms stehen die Begleitung von erfahrenen Vertriebskollegen, Hospitationen bei Kunden, fachliche Schulungen sowie das Kennenlernen der zentralen Vertriebsfunktionen im Vordergrund. Sobald die Einsteiger mit unseren Arbeitsprozessen, auch in vertriebsunterstützenden Bereichen, vertraut sind, die Vertriebsphilosophie und erfolgsrelevante Strategien des Verkaufens intensiv kennen gelernt haben, übernehmen sie erste Vertriebsverantwortung für einen definierten Kundenkreis. Hervorzuheben ist in dieser Phase die Unterstützung jedes Einsteigers durch einen speziell ausgebildeten erfahrenen Kollegen als Mentor. Dieser Mentor steht den neuen Kollegen mit Erfahrung und Fachwissen zur Seite.

Idealerweise entwickelt sich in der mehrmonatigen Praktikumszeit eine Aufgabenstellung für die Abschlussarbeit, die dann in Kooperation mit dem jeweiligen Fachbereich geschrieben werden kann. Sowohl Olympus als auch die Studenten haben so die Möglichkeit, die Praktikumsphase als verlängerte Bewerbungsphase zu nutzen und sich gegenseitig kennen zu lernen. Viele Mitarbeiter haben bereits über den Weg des Praktikums und die Abschlussarbeit einen Einstieg in das Unternehmen gefunden.

Olympus nutzt zusätzlich zu den oben beschriebenen Personalmarketingmaßnahmen auch die eigenen Mitarbeiter in Form eines „Can you find your colleague"-Programmes zur Identifikation geeigneter Bewerber. Olympus-Mitarbeiter empfehlen hier zukünftige Kollegen. Bei erfolgreicher Einstellung erwartet sie ein Bonus. Es zeigt sich dabei, dass eigene Mitarbeiter häufig sehr genau einschätzen können, ob ein Bewerber in das Unternehmen passt.

3.2 Mitarbeiterqualifikationsstrategien

Um sicherzustellen, dass die neu eingestellten Vertriebsmitarbeiter schnell die erforderlichen Fähigkeiten erwerben und heute und in Zukunft den Anforderungen ihrer Tätigkeit gerecht werden, legt Olympus Wert auf eine fundierte Mitarbeiterqualifikation und -weiterentwicklung.

So erhält jeder neue Vertriebsmitarbeiter einen auf seine Kompetenzen und Vorerfahrungen maßgeschneiderten Einarbeitungsplan. Ergänzt wird dieser durch die intensive Begleitung des Mitarbeiters durch den regionalen Verkaufsleiter vor allem im Rahmen von Mitfahrten. Durch die systematische Einarbeitung wird der neue Mitarbeiter dazu befähigt, sicher und effizient gegenüber dem Kunden auftreten zu können. Gleichzeitig kann das Unternehmen dadurch die qualifizierte Betreuung der Kunden vom ersten Tag an sicherstellen.

Die Wichtigkeit der fachlichen Aus- und Weiterbildung reflektiert sich auch in der unternehmenseigenen Akademie, die sich auf die fachliche Qualifizierung konzentriert.

Die individuelle Qualifizierung wird zudem durch die jährlichen Zielvereinbarungs- und Entwicklungsgespräche gefördert. Dadurch stehen Mitarbeiter und Führungskraft im kontinuierlichen Dialog, um einerseits sicherzustellen, dass die Arbeitsbedingungen für den einzelnen Mitarbeiter optimal sind, andererseits aber auch, um die kontinuierliche Weiterentwicklung des Mitarbeiters zu thematisieren. Im Rahmen eines jährlichen Zielvereinbarungsgespräches werden neben den Aufgaben und damit verbundenen Zielen auch die persönlichen Entwicklungsziele des Mitarbeiters definiert. Die kontinuierliche Weiterbildung auf der fachlichen wie auch auf der überfachlichen Seite wird gefördert. Dazu zählen verhaltensorientierte Trainings, unter anderem zur Neukundengewinnung, der Abschlusssicherheit oder Präsentationstechniken.

3.3 Mitarbeiterbindungsstrategien

Olympus investiert intensiv in die Gewinnung und Qualifizierung zukünftiger Mitarbeiter im Vertrieb. Die Bindung der bestehenden Mitarbeiter ist auf Grund des Fachkräftemangels von ebenso wichtiger Bedeutung.

So legt Olympus Wert auf ein attraktives Vergütungspaket. Für Verkäufer bedeutet dies, dass sich ihr erfolgreiches Handeln nicht nur für das Unternehmen auszahlt, sondern auch für sie persönlich. So wurden Vergütungsmodelle entwickelt, die den Erfolg eines Verkäufers abbilden und zu Spitzenleistungen motivieren. Ergänzt wird dieses Vergütungspaket durch attraktive Sozialleistungen.

Ferner fördert Olympus die interne Weiterentwicklung. Die Entwicklung von Führungskräften aus den eigenen Reihen ist eine gängige Praxis und wird durch zahlreiche Personalentwicklungsprogramme unterstützt.

Ein Programm, das Vertriebsmitarbeiter auf zukünftige Führungsrollen vorbereitet, ist das neu entwickelte Mentorenprogramm.

Vertriebsmitarbeiter, die in der Vergangenheit durch besondere Leistungen aufgefallen sind und eine hohe soziale Kompetenz sowie die Bereitschaft, Wissen und Erfahrung weiterzugeben, mitbringen, können eine Tätigkeit als Mentor übernehmen. Die Mentoren unterstützen das Management dabei, Verkäufer mit keiner oder noch wenig Vertriebserfahrung in die Vertriebstätigkeit einzuführen. Die Aufgaben der Mentoren reichen dabei von der Einbindung in den Auswahlprozess über die Gestaltung der Einarbeitungspläne bis hin zum Coachen der neuen Mitarbeiter innerhalb Ihrer ersten 18 Monate bei Olympus. Im Fokus des Coachings liegen strategische und methodische Tipps, das Vermitteln der Vertriebsphilosophie von Olympus, die gemeinsam Reflexion von Kundenbesuchen sowie das Erkennen der Potenziale des neuen Mitarbeiters und in Folge Förderung der Stärken und Lösungsvorschläge zur Schwächenbehebung, zum Beispiel in Form von Empfehlungen für Trainingsmaßnahmen.

Durch die Einbindung erfahrener Vertriebsmitarbeiter und Nutzung sowie Weiterentwicklung ihrer Kompetenz speziell in der Rolle als Coach bieten wir dieser Mitarbeitergruppe die Möglichkeit, sich persönlich und fachlich weiterzuentwickeln und mit Aspekten der Mitarbeiterführung konkret zu befassen. Auf diese Weise erreichen wir ein geschlossenes Ausbildungskonzept für alle Mitarbeitergruppen im Vertriebsaußendienst.

Die besondere Unternehmenskultur ist neben attraktiver Vergütung und Sozialleistungen und der Möglichkeit der internen Weiterentwicklung ein weiteres wichtiges Mittel zur Mitarbeiterbindung. Diese ist geprägt von flachen Hierarchien und schnellen Entscheidungsprozessen. Es wird Wert gelegt auf kooperativen Teamgeist, Offenheit, Vertrauen und Dialog. Das Unternehmen bekennt sich zudem zu umfassender Verantwortung, die nach innen und nach außen gelebt wird. Das bedeutet zum einen klare, verbindliche ethische Richtlinien sowie Transparenz und Fairness als Grundlage allen Handelns. Das bedeutet zum anderen ein eindeutiges Bekenntnis zu sozialer Verantwortung. Dies umfasst etwa das Thema Kinderbetreuung oder auch soziale und medizinische Initiativen, beispielsweise bei besonderen Gesundheitsvorsorgemaßnahmen für die Mitarbeiter wie auch der Förderung von externen sozialen Projekten.

4   Fazit

Den anstehenden Herausforderungen im Bereich der Medizintechnik, die durch den anstehenden Fachkräftemangel im Vertrieb und die veränderten Anforderungen an die Vertriebsmitarbeiter gekennzeichnet sind, kann nicht mit einer Lösung begegnet werden. Olympus hat sich daher zu einem Mix an aufeinander abgestimmten Personalkonzepten für unterschiedliche Zielgruppen entschieden. Es werden strukturierte Einstiegsprogramme, ein umfassendes Personalmarketingkonzept, ein umfangreiches fachliches und persönliches Weiterqualifikationsangebot sowie Mitarbeiterbindungsprogramme eingesetzt. Die ständige Neu- und Weiterentwicklung von Programmen ist dabei entscheidend, um jederzeit genügend gut qualifizierte Mitarbeiter für den Vertrieb verfügbar zu haben.

Der Weg zu exzellenten Arbeitsbedingungen in Krankenhäusern

Dr. Christiane Dithmar

Abstract: Der Fachkräftemangel in Krankenhäusern führt dazu, dass gute Arbeitsbedingungen zukünftig ein wesentlicher Motivationsfaktor für Arbeitnehmer werden. Instrumente aus der Wirtschaft sind allerdings nicht geeignet, die krankenhausspezifischen Erfolgsfaktoren von Arbeitsplatzzufriedenheit zu messen. Es braucht deshalb ein eigenes Instrument, mit dem die für Ärzte und Pflege relevanten Kriterien valide gemessen werden können. Und es braucht eine Portallösung für Kliniken, um die eigenen Stärken gegenüber Arbeitnehmern wirksam zu vermarkten. Durch einen solchen Prozess wird Arbeitsplatzattraktivität zum zentralen Bestandteil jedes Verbesserungsprozesses und damit wirklich gesteigert.

1   Einleitung

Der Arbeitsmarkt im Gesundheitswesen befindet sich in einem radikalen Wandel. Das Angebot von qualifiziertem Klinikpersonal kann die vorhandene Nachfrage kaum noch decken. Diese Situation verschärft sich zunehmend. Arbeitgeber und Arbeitnehmer sowie Wissenschaft und Fachpresse haben in jüngster Zeit immer wieder darauf hingewiesen. Beispielhaft lassen sich die Veröffentlichungen des MB (2010), der Helios-Kliniken (2008) und der FH Münster (2009) nennen. Die alarmierendsten Zahlen haben das DKI und PwC vorgelegt.[1]

---

1   Das DKI (Deutsches Krankenhaus Institut) beschreibt eine gravierende Zunahme von unbesetzten Stellen von 65 % in den alten bzw. 75 % in den neuen Bundesländern. PricewaterhouseCoopers hat zusammen mit dem Darmstädter Wirtschaftsforschungs- Institut (WifOR GmbH) in einer Studie festgestellt, dass 2020 fast 56.000 Ärzte (Vollzeitstellen) plus 140.000 Pflege- und andere nicht-ärztliche Fachkräfte fehlen werden. Bis 2030 sollen sogar über 950.000 Fachkräfte fehlen. Vgl. die Studie von PWC „Gesundheitssystem vor dem Kollaps – 2030 fehlen eine Million Fachkräfte."

Klinikleitungen müssen realisieren, dass sich der Arbeitsmarkt im Gesundheitswesen von einem Arbeitgebermarkt zu einem Arbeitnehmermarkt wandelt. Arbeitsuchende werden sich in Zukunft ihren Arbeitgeber frei aussuchen können und dabei offene Stellen vorab nach persönlichen Präferenzen bewerten.

Arbeitsbedingungen, die an den Bedürfnissen von Arbeitnehmern im Krankenhaus angepasst sind, werden sich deshalb zunehmend zum Entscheidungs- und Motivationsfaktor für medizinische und pflegerische Mitarbeiter entwickeln. Krankenhäuser werden sich im „War For Talents" dann besser durchsetzen können, wenn sie für dieses Klientel über Arbeitsplätze mit hoher Attraktivität verfügen *und* dies nach außen zeigen.

Für Klinikleitungen ergeben sich zwei Herausforderungen:

1. Die Arbeitsbedingungen müssen den Ansprüchen der Arbeitnehmer aus Medizin und Pflege entsprechen.

2. Die Hochwertigkeit der Arbeitsplätze eines Klinikums und das, was ein Krankenhaus dafür tut, muss an der entscheidenden Stelle im Arbeitsmarkt platziert werden. Nötig ist also eine Kommunikation der Arbeitsplatzattraktivität, um die Aufmerksamkeit suchender Fachkräfte auf die Klinik zu lenken.

In der Industrie ist Arbeitsplatzattraktivität schon lange ein stabiler Wettbewerbsfaktor, um Fachkräfte zu gewinnen. Diese zu verbessern und zu vermarkten ist ein wesentliches Ziel jeder guten Personalarbeit. „Great Place To Work" für die Industrie oder „TobJob" für den Mittelstand sind dabei anerkannte Mess-und Vermarktungsinstrumente.

In jüngster Zeit engagieren sich diese und ähnliche Anbieter auch im Gesundheitsmarkt und versprechen, mit den in der Industrie entwickelten Standards auch die Arbeitsbedingungen in Krankenhäusern zu evaluieren. „Great Place To Work" hat als größter Anbieter neun allgemeingültige Kategorien entwickelt: „Einstellen, Inspirieren, Informieren, Zuhören, Anerkennen, Entwickeln, Fürsorge zeigen, Feiern und Beteiligen". Entlang dieser Kategorien werden Faktoren aus der Führungskultur, der Kommunikation und dem Recruiting in den Fokus gerückt und gemessen.

So erfolgreich diese Ansätze in der Wirtschaft sind, so wenig sind sie in der Lage, Arbeitsplatzzufriedenheit in Krankenhäusern abzubilden. Krankenhäuser unterscheiden sich in Bezug auf Attraktivitätsfaktoren stark von allen anderen Brachen und die in der Industrie üblichen Messinstrumente können die spezifischen und erfolgskritischen Zufriedenheitsthemen in Krankenhäusern nicht erfassen und abbilden.

Will man sich mit dem Thema „Arbeitsplatzattraktivität in Krankenhäusern" ernsthaft beschäftigen, gilt es fünf Herausforderungen zu bewältigen:

1. Die Kriterien, die wirklich zu mehr Zufriedenheit bei Ärzten und Pflege führen, müssen valide erhoben und dann kontinuierlich weiter beobachtet werden, denn sie ändern sich stetig. Alle bisherigen Studien können nicht den Anspruch einer fundierten Studie für sich reklamieren.

2. Ausgehend von einer solchen Studie müsste ein Messinstrument aufgebaut werden, dass es Krankenhäusern erlaubt, einen Zufriedenheitsindex zu messen. Ein solches Tool dürfte lange nicht so aufwändig und kompliziert sein, wie z. B. herkömmliche Mitarbeiterbefragungen, damit Krankenhäuser solche Messungen ohne großes Budget und ohne großen Aufwand periodisch und focusgruppenspezifisch durchführen könnten.

3. Viel stärker als bisher müssten Krankenhäuser Zufriedenheitsindexe vermarkten. Der Aufbau eines systematischen Employer Branding gehört zukünftig zum Marketing jedes innovativen Krankenhauses.

4. Es braucht eine Plattform, vergleichbar zu anderen Portalen, auf der sich Krankenhäuser als attraktive Arbeitgeber so präsentieren können, dass sie von Arbeitnehmern gefunden werden. Der Gesundheitsbereich kennt solche Plattformen zwar für Patienten, bisher aber nicht für Arbeitsuchende, bzw. sind die vorhandenen Adressen weder attraktiv noch fachlich gut.

5. Arbeitsplatzattraktivität muss zum zentralen Anliegen jedes kontinuierlichen Verbesserungsprozesses werden.

2 Spezifische Kriterien von Arbeitsplatzattraktivität in Krankenhäusern

Als ersten Anfang und zunächst noch ohne Anspruch auf wissenschaftliche Überprüfbarkeit haben wir ein erstes Bild über die relevanten krankenhausspezifischen Kriterien für Arbeitsplatzattraktivität erhoben. Dafür haben wir ausgehend von bereits existierenden Studien eine sog. Delphi-Studie durchgeführt. Grundlage waren unter Anderem die bereits genannten Studien zur Arbeitsplatzattraktivität von Ärzten und Pflegepersonal, die Prof. Buxel von der FH Münster durchgeführt und veröffentlicht hat.

Als Ergebnis lassen sich acht Kriterien nennen, die eine Bewertung der Arbeitsplatzattraktivität eines Krankenhauses erlauben.

2.1 Kriterium 1: Arbeitsumgebung

Gemeint ist, wie der Arbeitsplatz in Hinblick auf die Arbeitsvoraussetzungen gestaltet ist.

Hierzu gehört die Erreichbarkeit des Standortes, die Arbeitsmittelausstattung und der Ruf der eigenen Abteilung. In Krankenhäusern kommt diesem Faktor eine besondere Bedeutung zu, da mit der Arbeitsmittelausstattung auch die Behandlung in Bezug auf innovative Verfahren, Nachweise über moderne Eingriffstechniken und das Alleinstellungsmerkmal der Abteilung gegenüber anderen Kliniken inbegriffen ist. Dieser Faktor wirkt sich wiederum als Wettbewerbsvorteil bei der Gewinnung von Fachkräften aus.

2.2 Kriterium 2: Arbeitsorganisation

Gemeint ist die Art und Weise, wie im Arbeitsalltag die täglichen Routinen gestaltet sind und ob sie beeinflusst werden können.

Es geht um Abwechslung und Vielfalt der Tätigkeiten und um die Reduzierung von einem Übermaß an administrativen Tätigkeiten. Durch die Häufung administrativer Tätigkeiten wie Abrechnungen, Arztbriefschreibungen, Dokumentationen auf der einen Seite und durch die Trennung von Tätigkeiten je nach Hierarchiestufe, bzw. -funktionsstufe auf der anderen Seite besteht in Kliniken stärker als in anderen Tätigkeitsbereichen die Gefahr unnötiger Verfestigung der Strukturen und damit Demotivation.

2.3 Kriterium 3: Vorgesetzte

Mit der Kategorie „Vorgesetzte" wird erhoben, wie die Führungskultur in dem Krankenhaus beurteilt wird.

Krankenhäuser sind traditionell Arbeitsbereiche mit starker Hierarchieprägung. Dies ist im dichten, emotional geprägten Klinikalltag auch in Teilen unerlässlich. Dennoch sind selbstbewusste Nachwuchskräfte immer weniger bereit, übermäßig gelebte Autorität qua Funktion zu akzeptieren. Adäquate Umgangsformen, Gewährleistung eines Informationsflusses und der Willen, Wissen und Fertigkeit zu vermitteln sind Faktoren, an denen sich Vorgesetzte messen lassen müssen.

2.4 Kriterium 4: Gehalt und Arbeitszeit

Mit diesem Themenfeld wird abgebildet, wie die Belegschaft die Bezahlung ihrer Arbeit und die Regelung ihrer Arbeits- und Pausenzeiten empfindet.

In Krankenhäusern, in denen die Arbeitsdichte immens ist und die Ausfallzahlen branchentypisch sehr hoch, kommt insbesondere dem Faktor „innovative Arbeitszeitmodelle" eine ganz besondere Bedeutung zu (ein Kriterium, übrigens, das nirgendwo in der Wirtschaft von solcher Bedeutung ist, wie in Krankenhäusern).

2.5 Kriterium 5: Arbeitgeber

Mit diesem Themenfeld wird erfasst, in wie weit sich die Belegschaft mit ihrem Arbeitgeber identifiziert und in welchem Ausmaß Mitarbeitende bereit sind die Entscheidungen der Klinikleitung mitzutragen. Wenn mit einem „War For Talents" gerechnet werden muss, ist es für die Klinikleitung wertvoll zu erfahren, wie hoch die Bindung und Identifikation der Fachkräfte an die eigene Klinik ist. Personalstrategische Fragestellungen, die bislang in Krankhäusern eher selten im Fokus sind, werden näher beleuchtet.

2.6 Kriterium 6: Karriere- und Aufstiegsmöglichkeiten

In Krankenhäusern bedeuten Fortbildungen „Qualität der Versorgung" und die Gewährleistung der Weiterbildungen ist einer der immer wiederkehrenden Knackpunkte in der Organisation des Klinikalltags. Hohe Fallzahlen machen junge Mitarbeitende zu unverzichtbaren Fachkräften, allerdings steht in der Dichte und Geschwindigkeit des Arbeitsalltages das „Lernen" manchmal zurück. Aus der Sicht der Vorgesetzten **und** der Nachwuchskräfte ein Umstand, für den Lösungen entwickelt werden sollten und Sicherheiten geschafft werden könnten.

2.7 Kriterium 7: Betriebsklima

Mit diesem Themenfeld wird erfasst, wie es um die Kommunikationskultur in Krankenhäusern bestellt ist.

Das Kriterium misst, wie und auf welche Art der Kommunikationsfluss innerhalb eines Teams (horizontal), zwischen den Hierarchieebenen (vertikal) und zwischen den Abteilungen (übergreifend) organisiert ist. Durch das Zusammenwirken verschiedener Berufsgruppen (Ärzte, Pflege, MTA) und der zunehmenden Auslagerung einzelner Dienste (Labore, Transport, etc.) ist die Frage nach „Wer erfährt wann von wem wie?" in Krankenhäusern alles andere als banal. Dieses Kriterium ist gerade in Krankenhäusern von zentraler Bedeutung und wird häufig als Ansatz für Wertschätzung und Motivation diskutiert.

2.8   Kriterium 8: Work–Life–Balance

In Kliniken sind die Zahlen zu krankheitsbedingten Ausfällen, Medikamentenmissbrauch und Suizidraten im Vergleich mit anderen Branchen sehr hoch. Die Kategorie Work-Life-Balance erhebt die Einschätzung der Mitarbeitenden in Bezug auf Belastung, Stress und Planbarkeit privater Anliegen. Dazu gehört auch die Realisierung familienfreundlicher Angebote vor dem Hintergrund zunehmender weiblicher Fachkräfte, um auf diese Ressource nicht wie bisher ungeplant zu verzichten.

Ein nächster Schritt müsste darin liegen, diese Ergebnisse noch einmal durch eine breiter angelegte Studie zu verifizieren, um sicher zu sein, dass die richtigen Indikatoren für krankenhausspezifische Arbeitszufriedenheit gemessen werden.

3   Die Messung von Arbeitsplatzattraktivität

Will man ein Messinstrument zur Erhebung von Arbeitsplatzattraktivität schaffen, muss dies nach unserer Erfahrung der Geschwindigkeit und Arbeitsdichte der Branche Rechnung tragen und deshalb sehr unaufwändig und schnell durchführbar sein. Dies könnte durch ein „Self-Assessment" mit hochstandardisierten Interviews und im Umfang einer Quotenstichprobe erreicht werden. Arbeitsplatzattraktivität müsste dabei aus der Sicht der Mitarbeitenden aus verschiedenen Hierarchieebenen und Abteilungen erhoben werden, also focusgruppenspezifisch abbildbar. Darüber hinaus müsste Arbeitsplatzattraktivität in doppelter Hinsicht erfragt werden: einerseits nach der Bewertung und andererseits nach der Bedeutung. Auf diese Weise könnten die Ergebnisse einerseits objektiv sein und Vergleichbarkeit erlauben und auf der anderen Seite den krankenhausspezifischen oder regionalen Gegebenheiten Rechnung tragen.

Im Aufbau eines solchen Tools läge für uns der nächste Schritt dieser Überlegungen.

4 Was bedeutet Employer Branding?

Die meisten Kliniken sind es nicht gewohnt, sich in ihren Stärken zu vermarkten. Selbst Sieger von „Great-Place-To-Work" belassen es nach unserer Kenntnis dabei, ein entsprechendes Symbol einmalig auf der eigenen Homepage zu platzieren. Kliniken werden lernen müssen, sich als Marke und als attraktiver Arbeitgeber zu platzieren. In diesem Zusammenhang spricht man von „Employer Branding". Wir sehen einen Bedarf darin, Abteilungen für Öffentlichkeitsarbeit in Krankenhäusern darin zu unterstützen, ihre Marketingmaßnahmen konsequent auf die Zielgruppe „Arbeitnehmer" auszuweiten. Hier gilt es krankenhausspezifische Ideen zu entwickeln und Krankenhäusern an die Hand zu geben, denn die eher forsche Vermarktung eigener Stärken, wie sie in der Industrie üblich ist, passt (noch) nicht in die Krankenhauslandschaft.

5 Ein Portal für Arbeitnehmer und Arbeitgeber in Krankenhäusern

Die Informationsgewinnung über potenzielle Arbeitgeber im Krankenhaussektor geschieht heute überwiegend über den informellen Austausch der Fachkräfte untereinander. Hierbei werden jedoch meist nur Einzelmeinungen kommuniziert. Neben dem interpersonellen Austausch haben Suchende zudem die Möglichkeit sich über verschiedene Angebote im Internet zu informieren. Im Netz existieren zwar diverse Jobbörsen, diese sind jedoch nur wenig bis gar nicht auf die spezifischen Bedürfnisse der Zielgruppe (Medizin und Pflege) zugeschnitten. Diejenigen Foren, die sich stärker an den Belangen von Klinikpersonal orientieren, sind oft als Social-Community oder Forum organisiert, was dazu führt, dass auch hier überwiegend Einzelmeinungen vertreten werden (Beispiele sind kununu.de oder doccheck.de). Welchen Weg der Arbeitsuchende auch geht, er muss viel Energie aufwenden und mit möglichst vielen Mitarbeitenden reden, um sich ein umfassendes Bild über einen möglichen Arbeitgeber zu machen.

Für Klinikleitungen bedeutet dies, dass es derzeit keine Möglichkeit gibt, den Suchenden ein umfassendes Bild über die Vorzüge ihrer Klinik geben zu können, *bevor* diese sich entscheiden, wo sie sich bewerben. Bislang hat bei einem Arbeitsuchenden, der zu einem „Kennenlerntag" oder Bewerbungsgespräch in ein Krankenhaus kommt, eine Vorauswahl bereits stattgefunden – allerdings auf der Basis eines „Bauchgefühls" und nicht aktiv durch die Klinik gesteuert. Es müsste deshalb eine Plattform einerseits für die Zielgruppen: Klinikleitung, Klinikmanagement und HR Entscheider und andererseits für Medizinstudenten und -absolventen, Assistenz-und Oberärzte, sowie Pflegepersonal aufgebaut werden. Auf einer solchen Plattform könnten sich dann Kliniken z. B. mit ihren Ergebnissen zum Thema „Arbeitsplatzattraktivität" zukünftigen Arbeitnehmern präsentieren. Auch wenn Kliniken nicht in allen Kriterien Topzufriedenheitswerte erzielen würden, könnte so eine Präsentation ein gutes, weil authentisches Bild vermitteln.

6 Arbeitszufriedenheit als kontinuierliche Verbesserungsprozess

Ein solches Verfahren würde mittelfristig automatisch dazu führen, dass Arbeitsplatzattraktivität zentraler Bestandteil jedes kontinuierlichen Verbesserungsprozesses wird – also die Arbeitsplatzattraktivität *wirklich* gesteigert wird und das gesamte Thema nicht nur als Marketingthema verstanden wird.

Sich regen bringt Segen: Chefsache Personal bringt Wettbewerbsvorteile

Dr. med. Konrad Rippmann

Abstract: Professionelle Organisation und Abwicklung, begleitet durch einen erfahrenen Personalberater, sind wichtige Hilfen bei der immer kritischer werdenden Suche nach guten Mitarbeitern. Der entscheidende Erfolgsfaktor ist jedoch der Schritt des Klinik-Geschäftsführers, die Sache selbst in die Hand zu nehmen: Engagement, Authentizität und Empathie stellen eine Atmosphäre der Verbindlichkeit und des Vertrauens her. Wird dies, ebenfalls *top-down*, mit der frühzeitigen Einbindung potenzieller Kandidaten in strategische Unternehmensentwicklungen kombiniert und schließlich das ganze Verfahren durch einen erfahrenen Coach begleitet, haben Sie beim *war for talents* die Nase vorn.

1 Wettbewerbsvorteil Menschlichkeit und Engagement: Willkommen bei den Sch'tis

Der Bewerber für eine Anästhesie-Facharztstelle kommt in die engere Wahl. Er wird von der Klinik angeschrieben und zum persönlichen Vorstellungstermin eingeladen. Einige Zeit vor dem vereinbarten Termin ruft der Geschäftsführer den Arzt an und fragt, ob er bei der Organisation der Anreise behilflich sein kann, selbstverständlich würden die Kosten übernommen. Darüber hinaus teilt er mit, dass für den Arzt und natürlich auch für seine Frau ein Zimmer in einem sehr guten Hotel am Platze reserviert sei.

Bei der Ankunft vor Ort erwartet den Arzt ein beeindruckendes Empfangskomitee: Der Geschäftsführer, der ärztliche Direktor, die Pflegedienstleiterin, die Personalreferentin – und dazu der stellvertretende Bürgermeister sowie die Bildungs- und Wohn-Dezernenten der Stadt.

Im folgenden Gespräch geht es kaum noch um medizinisch-fachliche Fragen, die waren im Vorfeld im Wesentlichen geklärt worden, sondern es ging vielmehr um zukünftige Lebensqualität: Der Bürgermeister drückte sein persönliches Interesse an dem Arzt aus, von dem er hoffte, dass er die Gesundheit seiner Bevölkerung im Auge habe. Im Gegenzug fühle er sich zuständig, dass es dem Spezialist und seiner Familie in der neuen Umgebung gut geht: Seine beiden Dezernenten machen umgehend konkrete Vorschläge für Schulen und legen eine Mappe mit attraktiven Wohnimmobilien auf den Tisch.

Der Mediziner ist seit fünf Jahren dort, inzwischen Chefvertreter und hat einen weiteren interessierten Anästhesisten nachgezogen.

Eine konstruierte Geschichte? Sie hat sich exakt so abgespielt. Allerdings nicht hierzulande, sondern in einer Stadt in Nordfrankreich. Der *war for talents* wütet bei unseren westlichen Nachbarn schon lange. Dort müssen bereits seit 20 Jahren massive Fehler in der Nachwuchsentwicklung ausgebadet werden: Falsche Studienzulassungsverfahren, autoritäre Führungsstrukturen, schlechte wirtschaftliche Perspektiven – dies hat in Frankreich zu einem massiven Personalmangel, quantitativ wie qualitativ, vor allem in der klinischen Medizin geführt.

In den dortigen Hospitälern ist die Veränderung in Richtung besserer Arbeitsbedingungen in Gang gekommen und besonderer Wert wird auf „Ganzheitlichkeit" gelegt: Die Aufgabe wird systematisch in drei Arbeitsbereichen angegangen: Medizin, Geld und Soziales. In der Medizin bedeutet Wettbewerbsfähigkeit beim Kampf um Personal ein interessantes Leistungsspektrum, verbunden mit guten strukturellen Bedingungen und verbindlichen Karriereschritten. Bei der materiellen Ausgestaltung wird ein solides Fixum durch leistungsbezogene Anteile ergänzt, welche in der Summe 50 % über den hiesigen z. B. Oberarzt-Gehältern liegen können. Und dann die Rahmenbedingungen. Hier liegt der Erfolg: Interessante, unkonventionelle und Gender-spezifische Arbeitszeiten sowie konkrete Begleitung bei der Integration ins soziale Umfeld inklusive Organisation von Wohnraum, Schule und Arbeitsplatz für den Lebenspartner. Das Ganze begleitet durch ein Coaching während der Probezeit, um eventuelle Probleme sowohl bei der Einarbeitung als auch bei der sozialen Akklimatisierung auf beiden Seiten frühzeitig erkennen und beheben zu können.

Der Erfolgsfaktor kurz zusammengefasst: Eine Atmosphäre des persönlichen „sich Kümmerns", der Ausdruck von echtem Interesse und werthaltiger Begleitung. Sich regen bringt Segen.

Aber wer soll sich nun regen? Da gibt es doch die Headhunter, die Agentur für das Annoncen-Design und dann die Angestellte in der Personalabteilung. Alles richtig, aber der Erfolgsfaktor in der Personalpolitik unserer Nachbarn ist: Personalakquise ist Chef-Sache.

2 Wettbewerbsvorteil Chef: Kerngeschäft ist Führungsaufgabe

In dem genannten Beispiel stand der Klinikchef am Bahnhof, begrüßte der Bürgermeister den Kandidaten und Spitzenfunktionäre in der öffentlichen Verwaltung engagierten sich persönlich. Das beeindruckte und war erfolgreich. Bei uns ist das noch zu wenig angekommen. Eines ist klar: Weil die Medizin selbst ins Zentrum des Wettbewerbs rückt, wird sie zur Chefsache. Es ist hilfreich, für die komplexen Prozesse, die das Kerngeschäft unterstützen, Systempartner zu finden, die es der Klinikleitung überhaupt erst ermöglichen, sich auf das Wesentliche zu konzentrieren. Dazu gehört auch die Personalsuche.

Gute Headhunter tragen der Entwicklung inzwischen Rechnung, indem sie den gesamten Besetzungsprozess, von der Gestaltung des Suchvorgangs, über die Identifizierung der Kandidaten bis hin zum Coaching von Chefs und neuen Mitarbeitern im ersten Jahr in enger Abstimmung mit der Klinikleitung durchführen. Erst wenn der Kandidat nach einem Jahr noch an seinem Platz ist und alle Seiten zufrieden sind, wird das gesamte Honorar für die Personalvermittlung fällig. Dies ist eine positive Entwicklung und hilft, nach einer Zeit der „Goldgräberstimmung" das Feld der Personalberatung weiter zu professionalisieren und schwarze Schafe aus dem Markt zu drängen.

Es bleibt dabei: Der Chef ist gut beraten, wenn er die Personalakquise und -entwicklung zu seiner eigenen Sache macht. Die Ärztinnen und Ärzte sind die substantiellen Träger des Kerngeschäfts Medizin, und die Gestaltung der Personalstruktur ist unmittelbare Zukunftssicherung für seinen Betrieb.

Unter besonderem Erfolgsdruck stehen die kleinen bis mittelgroßen Kliniken. Ihnen ist nicht ohne weiteres abzunehmen, dass sie in der Lage sind, eine tragfähige Zukunft und damit einen interessanten und sicheren Arbeitsplatz zu bieten. Auch hier zeigt pro-aktives Vorgehen *top-down* Erfolge: Die Beteiligung von neuen Mitarbeitern bereits im Vorfeld der Einstellung an der strategischen Weiterentwicklung der Klinik.

3 Wettbewerbsvorteil Beteiligung: Finanzielle und inhaltliche Transparenz

Kommende medizinische Leistungsträger und Führungskräfte erfahren Wertschätzung und können ihre Kompetenzen im Bereich Konzeption und *Leadership* frühzeitig einbringen, wenn sie erfahren, dass das Krankenhausunternehmen z. B. eine standortübergreifende Konzeption in der Inneren Medizin und der Chirurgie systematisch entwickelt. Das wird bei Kliniken unterhalb der Top-Ebene nicht unbedingt vermutet. Wenn sich im Vorfeld des Besetzungsverfahrens dann nicht nur der Headhunter, sondern der Klinikchef oder ein mit der strategischen Entwicklung befasster leitender Mitarbeiter an den Kandidaten wendet und ihn in konzeptionelle Ideen einweiht, dann ist dies eindeutig ein Wettbewerbsvorteil: Es ist klar, dass ein guter Bewerber inzwischen die Auswahl unter mindestens fünf Arbeitgebern in einer Region hat. Da ist es von entscheidender Bedeutung, wenn eine Klinik nicht nach Schema F an ihn herantritt sondern offensichtlich die Nase vorn hat, sowohl in punkto Strategie als auch in der Einbeziehung seiner Leistungsträger.

Eine solche Herangehensweise hat weitere Vorteile: In Ergänzung zum Audit des Personalberaters kann frühzeitiger und konkreter auf Management-Erfahrungen des Kandidaten rückgeschlossen werden, durch Partizipation wird eine frühe Identifikation und Corporate Identity angebahnt – und nicht zuletzt werden die finanziellen Aspekte mit Blick auf die Vertragsgestaltung vorbereitet: In einem solchen kompakten Strategie-Prozess werden Chancen und Risiken der medizinischen und unternehmerischen Entwicklung (Strukturen, Prozesse, Portfolio, Fallzahlen, etc.) für beide Seiten transparent. Anschließend lassen sich sowohl erfolgsabhängige finanzielle Komponenten fundierter diskutieren und vereinbaren als auch Erwartungen an Management und Führungsrolle entsprechend konsolidieren.

4 Wettbewerbsvorteil neue Geschäftsfelder: Form follows function

Die innovative und kreative Verbindung von Strategieentwicklung und Mitarbeitersuche bietet die Möglichkeit, Marktpostionen und Marktanteile zu überdenken und ggf. neu auszurichten. Stellenbewerber, auch im Spitzenbereich, stellen immer individuellere und spezifischere Ansprüche, z. B. an die Gestaltung der Arbeitszeit und des Arbeitsumfelds. Dazu kommt, dass immer mehr Frauen auch in traditionell männliche Reviere, wie die Chirurgie und Orthopädie vordringen. Diese oft bereits berufserfahrenen Frauen, meist mit Kindern und einem klar definierten Leben neben der Medizin, erwarten sich eine positiv unterstützte *work-life-balance* von ihrem Arbeitgeber.

Wird es ermöglicht, z. B. eine Dreiviertel-Stelle als einen Arbeitseinsatz in Form von 3x10 Stunden/Woche zu gestalten, verbunden mit einer verlässlichen Betreuung der zwei kleinen Kinder über die gesamte Zeit im Betriebskindergarten oder in einer entsprechenden Einrichtung, dann haben Sie evtl. eine wertvolle Mitarbeiterin gewonnen. Machen Sie aus solchen, aus heutiger Sicht immer noch etwas exotischen Erwartungsprofilen eine Tugend – *form follows function*: Es ist doch nachdenkenswert, ob eine solche Zeitstruktur nicht ideal zur Besetzung eines klinikeigenen MVZ passt und der Mitarbeiterin eine interessante kombinierte stationär-ambulante Anstellung geboten werden kann. Der Wert des MVZ als „verlängerte Werkbank" in Verbindung mit dem Kerngeschäft Klinik liegt ja auf der Hand und Personalerwartungen sowie Ihre strategischen Ideen können eine produktive Verbindung eingehen. Potentiale für solche integrierte medizinische und wirtschaftliche Wertschöpfungen sind z. B. in den Portfolios der Gastroenterologie, der Onkologie und der Orthopädie zu finden.

Hier sind etliche Mediziner, die vor wenigen Jahren die Klinik verlassen und ihre Perspektive in der Niederlassung gesucht haben, inzwischen von den Bedingungen dort enttäuscht und suchen den Weg zurück in oder an die Klinik – allerdings nicht unter den alten Bedingungen des „am Rad Drehens" wegen der sie das Krankenhaus verlassen hatten. Gemeinsam haben sie nun die Chance, den Kompetenzzuwachs aus dem ambulanten Bereich mit innovativen Geschäftsfeldern der Klinik zu verbinden. Auch dieses Potential wird bei der klassischen Personalsuche bisher kaum berührt und kann, von Seiten der Klinikleitung entsprechend identifiziert und aufbereitet, den Kreis der Kandidaten erheblich erweitern.

5 Wettbewerbsvorteil Nachhaltigkeit: Nach der Einstellung ist vor der Einstellung

Der Mangel an qualifizierten Arbeitskräften vor allem in der Medizin treibt teilweise groteske Blüten: In einigen Arbeitsfeldern, z. B. der Anästhesie, wird, ist einmal der Facharztstatus erreicht, der Arbeitsplatz immer häufiger im Jahrestakt gewechselt. Es hat sich fast eine Art Söldnermentalität etabliert: Wenn an einer anderen Klinik mehr gezahlt wird oder die Bedingungen insgesamt günstiger erscheinen, wird sich verändert. Hat in früheren Jahren ein Arzt seine Klinik maximal dreimal gewechselt: Bei der Ersteinstellung, nach dem Facharzt und für die Chefposition, so sind bei aktuellen Besetzungsverfahren CVs, aus denen fünf bis sechs Arbeitgeber hervorgehen, keine Seltenheit mehr.

Auch in der Chirurgie zeigt sich eine zunehmende Unstetigkeit, allerdings vor einem anderen Hintergrund: Derzeit scheitern zwischen 20 %

und 30 % der chirurgischen Chefarztbesetzungen. Teure, aufwändige und meist langwierige Suchprozesse kommen zwar zum Abschluss, der gewählte Kandidat entspricht dann allerdings nicht den Erwartungen an medizinisch-fachlicher Qualifikation und Management-Kompetenzen.

Dies liegt teilweise an den Eigenarten des akademischen Medizinbetriebs: Ärzte, die sich mit großem persönlichen Einsatz (und viel Ellenbogen) an der Uniklinik profiliert, ihre Publikationsliste gefüllt und schließlich ihre Habilitation erworben haben, sind nicht unbedingt in gleichem Maße versierte Operateure und klinische Mediziner. Dies kann in einer Großklinik, mit einer Mannschaft erfahrener Oberärzte, noch durchgehen, der Chef hat dort viele strategische und konzeptionelle Aufgaben, in denen er sich verwirklichen kann. Anders im Kreiskrankenhaus: dort wird selbstverständlich eine herausragende operative Leistung verlangt, der Chefarzt ist öffentlich und klinisch der „Leuchtturm" für sein Fachgebiet in der Region und soll im strengen Wettbewerb mit den umliegenden Kliniken erfolgreich Patienten akquirieren.

Wie wird tatsächlich mehr Erfolg und Nachhaltigkeit bei der Personalbesetzung erreicht?

Ein Faktor wurde bereits erwähnt: Die interessante und langfristig bindungsstarke Geschäftsfeldentwicklung. Für die Anästhesie kann dies z. B. bedeuten, dass die Klinik ein Anästhesie-Zentrum gründet, von dem aus zunächst die stationären Narkosebedarfe gestillt werden. Darüber hinaus wird eine solche Einrichtung den Mitarbeitern eine neue Perspektive und interessante Einkünfte bieten, wenn sie z. B. von diesem Zentrum an andere Kliniken „ausgeliehen" werden. Oder das Leistungsportfolio wird erweitert, indem z. B. die anästhesiologische Kompetenz in der ambulanten Schmerztherapie zum Einsatz kommt. So kann aus einem langweilig empfundenen Arbeitsplatz als „Betäuber" und Erfüllungsgehilfe der Chirurgen eine perspektivreiche Position als *Consultant* an der Schnittstelle zu zahlreichen medizinischen Fachgebieten werden.

Auch das Risiko des Scheiterns oder der Fehlbesetzung kann wesentlich gemindert werden. Professionelle Personalberater bieten sowohl ihren Auftraggebern als auch den Kunden eine Begleitung über den Moment des Vertragsabschlusses hinaus an.

In einem systematischen Coaching werden mindestens während der Probezeit oder für einen Zeitraum bis zu einem Jahr alle anfallenden Fragen, sowohl fachlicher als auch kultureller Natur, identifiziert und bearbeitet. Gelegentlich greift aber auch dieser Ansatz zu kurz: Erfahrungsgemäß ist für einen Misserfolg nicht nur die Klinikleitung und der Chefarzt verantwortlich, sondern vielmehr die „dritte Partei" weiterer Mitarbeiter. Nicht selten ist bei einer Chefbesetzung der hauseigene Bewerber, ein erfahrener Oberarzt, nicht zum Zuge gekommen und hat nun die Tendenz, seine Enttäuschung in einem besonders kritischen Verhalten gegenüber dem neuen Chef zum Ausdruck zu bringen. Ist der „Neue" dann operativ nicht besonders stark, werden die Probleme schnell brisant und das Kerngeschäft ist akut gefährdet: Hier ist es wiederum Chefsache der Klinikleitung, sich zu regen und rasch persönlich einzugreifen.

Hilfreich ist es, einen externen Coach in den Prozess einzubeziehen und das „Bermuda-Dreieck" zwischen Management, neuem Chef und z. B. Oberarzt aufzulösen. Die Investition in einen Coach kann auf den ersten Blick – man hat für eine entsprechende Leistung ja bereits den Personalvermittler bezahlt – schmerzlich sein, der Externe ist aber in seiner Unabhängigkeit wertvoller und wird von allen Parteien als neutral angesehen. Und ein positiver Nebeneffekt für den *worst case*: Sollte es im Anschluss an die Auseinandersetzung doch zu arbeitsrechtlichen Schritten kommen, kann der professionelle Einsatz eines qualifizierten Coachs und die entsprechende Dokumentation der Vorgehensweise und der Ergebnisse vor Gericht die Position des Hauses bzw. seiner Leitung erheblich festigen.

Alle dies gilt es aber gerade zu vermeiden, und die Erfahrung zeigt: Tritt dem Bewerber für eine medizinische Führungsposition in der Klinik nicht nur der Headhunter, sondern eine persönlich agierende und identifizierbare Gruppe von Krankenhauschef, Strategieentwickler und evtl. Coach gegenüber, dann haben Sie gegenüber Ihren Wettbewerbern den *war for talents* fast gewonnen. Der Aufwand mag groß sein, aber der Erfolg rechtfertigt ihn allemal, indem Sie damit nicht nur den Besetzungserfolg sondern auch die Nachhaltigkeit und langfristige Loyalität des Mitarbeiters sichern.

6 Wettbewerbsfaktor Außendarstellung: Haben Sie die Kultur?

Natürlich spielt eine attraktiv gestaltete Stellenanzeige in den einschlägigen Journalen oder im Internet nach wie vor eine Rolle im Prozess der Personalakquise. Aber nur auf der Basis einer belastbaren Konzeption sowie einer real gelebten Unternehmenskultur wird die Annonce erfolgreich sein. Spätestens bei der Formulierung der Anzeige werden Sie auf Perspektiven und Defizite Ihrer Klinik und Ihres Angebots aufmerksam: Stimmen die Aussagen? Kann ich halten, was der Text verspricht? Wie wirkt das nicht nur auf den fremden Bewerber sondern auch auf den internen Mitarbeiter, der die Anzeige zu lesen bekommt? Wird er die

Stirn runzeln, wenn er von der „positiven Unternehmenskultur" und den „umfangreichen Hilfen" erfährt, die den Bewerber erwarten?

Erfolgreicher ist idealerweise die Einbindung der Personalstrategie in die längerfristige Entwicklung der Leistungen, der Arbeitsbedingungen und der Unternehmenskultur: Innovative Konzeptionen, leistungsorientierte Positionierung am Markt, partizipative Haltung gegenüber den Mitarbeitern, empathischer und persönlicher Führungsstil und: Fokus nicht nur auf neuem Personal sondern auf Halten und Entwickeln des Bestehenden.

Dies alles erfordert die ganze Kraft und Konzentration der Klinikleitung. Erreicht werden kann es nur durch den vollen Einsatz für das Kerngeschäft Medizin – und zu dem gehört das Personal als fundamentaler Bestandteil. Erfolgreiche Krankenhauschefs haben das längst erkannt und reagieren auf die Endlichkeit ihrer persönlichen Ressourcen – nicht mit Outsourcing, sondern mit einer klugen Verteilung von Aufgaben und einer gemeinsamen Bewältigung z. B. mit ausgewählten Systempartnern.

Erfolge dieser Strategie sind es wert, veröffentlicht zu werden. Publikationen, Vorträge, Zeitungsartikel, Informations- und Kommunikationsnetworking mit Ärzten, Veranstaltungen für Bürger: Alles Medien, mit denen sich erfolgreiche Unternehmensstrategie gut vermitteln lässt, die nicht nur nach außen attraktiv wirken, sondern auch nach innen betriebliches Selbstbewusstsein und Identität fördern.

Eines ist klar: Am Ende wird sich der Bewerber für Sie entscheiden, wenn es Ihnen persönlich gelingt, Ihre Klinik als interessanten Zukunftsstandort zu vermitteln, authentisch und nicht nur am Draht der Personalvermittlung, glaubwürdig und stabil gegenüber Informationen, die sich der Kandidat in jedem Fall „quer" durch Kontakte zu Mitarbeitern im Haus besorgen wird um zu erfahren, welche Kultur tatsächlich herrscht.

Werden Sie persönlich mit Ihrem Personal – sich regen bringt Segen.

Wachstum und Beschäftigung: Segen oder Fluch?

Prof. Heinz Lohmann[1]

Abstract: Die Gesundheitswirtschaft ist Wachstumslokomotive und Beschäftigungsmotor gleichzeitig. Das gilt auch in wirtschaftlich schwierigen Zeiten. Allerdings werden die Arbeitskräfte vielerorts knapp. Deshalb muss die Chance genutzt werden, den grundlegenden Umbau der Gesundheitsunternehmen auf Grund des verstärkten Wettbewerbs mit einer Anpassung der Arbeitsbedingungen an die gewandelten Ansprüche der Mitarbeiter zu verbinden. Auch die Möglichkeiten, die in einer Kooperation der bisher getrennten Sektoren des Gesundheitsmarktes liegen, können die Attraktivität der Gesundheitsberufe steigern. Zudem müssen die neuen Ansprüche, die moderne Mitarbeiter an die Vereinbarkeit von Beruf, Familie und Freizeit stellen, in Zukunft erfüllt werden, wenn Gesundheitsunternehmen den Kampf um die besten Talente gewinnen wollen. Insgesamt ist eine aktive Personalpolitik überlebensnotwendig. Die Politik kann die Chancen der Branche mehren, wenn sie durch Förderung der Standortbedingungen für die Gesundheitswirtschaft die Attraktivität für heutige und zukünftige Mitarbeiter erhöht. Letztlich haben Erfolg nur mutige Akteure.

1 Gesundheitswirtschaft als Wachstumslokomotive und Beschäftigungsmotor

Es hat sich inzwischen herumgesprochen: die Gesundheitswirtschaft ist die Zukunftsbranche in postindustriellen Volkswirtschaften. Auch in schwierigen Zeiten wächst die Gesundheitswirtschaft weiter und schafft

---

[1] Prof. Heinz Lohmann, Gesundheitsunternehmer, u. a. Geschäftsführer der LOHMANN konzept GmbH sowie Gesellschafter der WISO HANSE management GmbH; Vorsitzender der INITIATIVE GESUNDHEITSWIRTSCHAFT e. V.; Lehrtätigkeit an der Hochschule für Angewandte Wissenschaften in Hamburg.

neue Arbeitsplätze. Insbesondere der zweite, privat finanzierte Gesundheitsmarkt ist für diese Entwicklung der Treiber. Aber auch der aus dem Sozialtransfer finanzierte erste Gesundheitsmarkt bietet große Chancen für den Beschäftigungssektor. Das gilt mehr noch, wenn die gesetzlichen Restriktionen, die heute Wachstumspotenziale eher behindern, künftig beseitigt werden könnten. Insgesamt werden die positiven Perspektiven nur realisiert werden können, wenn alle Beteiligten sich aktiv in die Veränderungsprozesse einbringen. Dazu ist es erforderlich, den Wandel nüchtern zu analysieren und realistische Prognosen zu erstellen. Nur so können Strategien entwickelt werden, die die Branche zielgerichtet voranbringen. Immer noch wird in der öffentlichen Diskussion das Thema der Arbeitslosigkeit problematisiert. Für eine ganze Reihe von Politikern hat die Schaffung von Arbeitsplätzen deshalb nach wie vor die höchste Priorität. In der gesellschaftlichen Realität stellt sich die Lage allerdings inzwischen längst differenzierter dar. Das gilt für die Gesundheitswirtschaft in besonderem Maße.

Vielerorts werden die Arbeitskräfte knapp. Insbesondere Expertinnen und Experten sind äußerst begehrt. Je nach Attraktivität der Regionen ist die Beschaffung von Arbeitskräften schon jetzt zu einer zentralen Überlebensfrage für Unternehmen der Gesundheitswirtschaft geworden. Medizinanbieter, so Krankenhäuser, können teilweise ihre Versorgungsaufträge nur noch eingeschränkt wahrnehmen, weil es ihnen in bestimmten Schlüsselbereichen an geeignetem Personal fehlt. Diese Betriebe haben in der Vergangenheit häufig den Umschwung von einer Strategie des allgemeinen Personalabbaus zur gezielten Personalgewinnung nicht rechtzeitig vollzogen.

Die Demografie beschert der Gesundheitswirtschaft mehr Nachfrage und gleichzeitig einen enger werdenden Arbeitsmarkt. Segen und Fluch als Folge dieser Entwicklung liegen dicht nebeneinander. Nur innovative Akteure, die den Wandel und seine Chance für sich nutzen, werden als Sieger aus dem Kampf um die Talente hervorgehen.

2 Umbruch auf dem Gesundheitsmarkt

Die steigende Nachfrage nach Gesundheitsleistungen hat zwei zentrale Ursachen. Zum einen kann die Medizin auf Grund der hohen Innovationsfähigkeit immer mehr und zum anderen wird der Anteil der älteren Menschen, die verstärkt Gesundheitsangebote benötigen, größer. Gleichzeitig sind die Mittel aus dem Sozialtransfer vor dem Hintergrund veränderter politischer Prioritäten und ebenfalls der Demographie begrenzt.

Postindustrielle Gesellschaften versuchen ihre Wettbewerbschancen auf dem Weltmarkt durch Verlagerung ihres finanziellen Engagements von der Sozial- in die Bildungspolitik zu verbessern. Diese Entwicklungen zwingen die Politik, den Gesundheitssektor zu „normalisieren". Grund ist die Notwendigkeit, Produktivitätsreserven zu heben. Deshalb sind in den vergangenen Jahren Wettbewerbselemente in das Gesundheitssystem eingefügt worden. Der Druck auf die Preise hat das Geschehen stark geprägt und die Kostendämpfung zum stärksten Treiber des Wandels werden lassen. Bloßes Sparen stößt aber in der Gesundheitswirtschaft eher als in den anderen Branchen an Grenzen, da die Patienten schnell Zweifel an der Qualität der medizinischen Leistung bekommen und die sozial engagierten Beschäftigten genauso rasch frustriert sind. Deshalb muss, wie in anderen Wirtschaftsbereichen auch, das „schneller arbeiten" durch das „anders arbeiten" ersetzt werden. Prozesse und in der Folge Strukturen gehören auf den Prüfstand und müssen modernen Anforderungen entsprechend verändert werden.

Im grundlegenden Umbau der Gesundheitsbetriebe liegt die große Chance, die Arbeitsbedingungen den Ansprüchen der Mitarbeiter anzupassen. Das gilt für die Arbeitsinhalte genauso wie für die Gestaltung der Arbeitsplätze und der Arbeitsplatzorganisation. Hier hat die Gesundheitsbranche einen gewaltigen Nachholbedarf. Dort liegen aber auch die großen Potenziale im Wettbewerb mit anderen Branchen. Die „Digitale Industrialisierung" der Medizin wird es in den kommenden Jahren gestatten, die Arbeitskräfte ihren spezifischen Erfahrungen und ihren jeweiligen Kenntnissen entsprechend gezielter einzusetzen und von berufsfremden Belastungen zu befreien. Gerade weil der Gesundheitssektor bisher so antiquiert agiert hat, sind schnelle und große Schritte möglich.

3 Patientensouveränität treibt Wandel

Neben die weiterhin relevante Kostenproblematik tritt in der Gesundheitswirtschaft mit der zunehmenden Patientensouveränität ein zweiter Treiber des Veränderungsprozesses. Die bisherige Intransparenz wird ganz langsam gelockert, indem immer mehr Informationen zu gesundheitlichen Themen leichter zugänglich sind. Dazu trägt ganz wesentlich die stärkere Nutzung des Internets bei. Patienten, die auch zu Konsumenten werden, sind vornehmlich an den Ergebnissen ihrer Behandlung interessiert. Das überkommene Gesundheitssystem, das bisher weitgehend ein expertendominierter Anbietermarkt war, ist hingegen institutionenorientiert. Das wird sich Schritt für Schritt ändern. Am Ende wird die prozessorientierte Ausrichtung dominieren. Der Einwand, nicht alle Patienten seien in der Lage, die Konsumentenrolle aktiv auszuüben, greift zu kurz, da schon eine Verschiebung der Patientenströme um 10 Prozent bei wichtigen Indikationen gravierende ökonomische Folgen für einzelnen Anbieter haben kann. Hinzu kommen auf Grund der Konzentrationsbewegungen mächtiger werdende Krankenkassen, die vor dem Hintergrund des eigenen Wettbewerbs durch vermehrte selektive Nachfrage die Anbieterseite des Gesundheitsmarktes zusätzlich unter Veränderungsdruck setzen werden.

Die prognostizierte Entwicklung rückt die Medizin selbst ins Zentrum des Wettbewerbs der Gesundheitsanbieter. Qualität und Wirtschaftlichkeit von Behandlungen über die Grenzen der Sektoren im Gesundheitssystem hinweg müssen deshalb von den Akteuren der Medizinunternehmen gestaltet werden. Für die nichtmedizinischen Leistungen müssen vermehrt Systempartner gefunden werden. Die Konzentration auf die Aufgaben „rund um den Patienten" erlaubt den Gesundheitsanbietern künftig einen zielgerichteteren Einsatz der speziell ausgebildeten Experten für Diagnostik und Therapie. Der „Verschwendung" von raren Mitarbeitern kann aktiv entgegen getreten werden. Die Aufgabenfelder der einzelnen Berufsgruppen können bei veränderten Bedingungen der Zusammenarbeit neu definiert und sinnvoller abgegrenzt werden.

4   Moderne Mitarbeiter stellen neue Ansprüche

Die Zeiten, in denen Mitarbeiter von Gesundheitsanbietern ihre vordringliche Bestimmung darin gesehen haben „rund um die Uhr" Leben zu retten, sind vorbei. Bei weiterhin überdurchschnittlicher Bereitschaft, sich beruflich zu engagieren, treten andere Lebensziele an die Seite des Berufes. Gerade auch die starke Feminisierung der Ärzteschaft wird in den kommenden Jahren die Notwenigkeit verstärken, Beruf, Familie und Freizeit kompatibel zu machen. Die Strukturierung der Medizinprozesse auf Grund der veränderten Patientensouveränität bietet hier eine große Chance, die Arbeitsabläufe „berechenbarer" zu gestalten. Auch die Tarifpolitik der Gewerkschaften muss die gewandelten Erwartungen der Beschäftigten mehr und mehr berücksichtigen. Geld alleine kann kein Ziel gewerkschaftlicher Aktivitäten sein. So erfahren derzeit gerade die in den vergangenen Jahren eher abgebauten Elemente der betrieblichen Altersversorgung eine Renaissance. Ein Kostenthema wird zu einem wichtigen Incentive-Aspekt. In Personalgewinnungs- und Personalbindungsprogrammen spielen deshalb solche Themen, die den Mitarbeitern signalisieren, ihre Arbeitgeber bemühten sich um sie, eine immer wichtigere Rolle. Das gilt auch für alle Fragen der Bildung. Strukturierte Aus- und Weiterbildungsangebote sind dabei von besonderer Bedeutung.

5 Kommunikation tut not

Da das Selbst- und Fremdbild der Mitarbeiter in Gesundheitsunternehmen immer stärker divergiert, ist es unabdingbar, diesem Phänomen große Beachtung zu widmen. Während Patienten und Öffentlichkeit den Ärzten, Krankenpflegekräften und anderen Beschäftigten in Heilberufen einen hohen gesellschaftlichen Wert zumessen, erleben die Betroffenen ihre Berufsentwicklung häufig als stetigen Abstieg. Sie fühlen sich nicht ausreichend wertgeschätzt und von Angehörigen neu aufstrebender Berufe, etwa den Ökonomen, in ihren angestammten Rollen bedrängt.

Für die Unternehmen der Gesundheitswirtschaft ist eine aktive Personalpolitik überlebenswichtig. Die bisherigen Defizite auf diesem Feld müssen schnell überwunden werden, wenn Medizinbetriebe erfolgreich sein wollen. Die Zeiten, in der Personal-Abteilungen etwa in Krankenhäusern ausschließlich Aktenverwaltung betrieben haben, liegen noch nicht sehr lange zurück. Nur wem es gelingt, die verschiedenen Berufsgruppen zu einer kooperativen Arbeitsweise zu motivieren, kann das Potenzial seiner Beschäftigten in ausreichender Weise aktivieren. Gesundheitsanbieter, die das nicht schaffen, werden im Wettbewerb der Zukunft den kürzeren ziehen.

Im Kampf mit anderen Branchen um die besten Talente haftet dem Gesundheitssektor in der öffentlichen Diskussion schnell der Ruf eines „Jammertals" an. Die heutigen Mitarbeiter sind die Botschafter ihrer Arbeitgeber. Hier hat die Gesundheitswirtschaft Aufholbedarf. Deshalb ist es gut zu sehen, dass in allerletzter Zeit eine Reihe von Gesundheitsunternehmen sich als Pioniere um eine Qualifizierung als Arbeitgeber bemühen. Wirkliche Verbesserungen benötigen Zeit. Viele Personalverantwortliche müssen gewonnen werden, ihre Aufgabe umfassend ernst zu nehmen. Führung in Gesundheitsbetrieben ist in der Vergangenheit oft viel zu zaghaft ausgeübt worden. Gerade in Zeiten des Umbruchs erwarten und benötigen Menschen Orientierung. Das gilt auch für die Unternehmen der Gesundheitswirtschaft. Der internen Kommunikation muss deshalb große Aufmerksamkeit geschenkt werden.

6 Förderung der Gesundheitswirtschaft sichert Standorte

Vielerorts hat sich die Struktur der Beschäftigten in den vergangenen 30 bis 40 Jahren dramatisch verändert. Industriearbeitsplätze sind zugunsten von Beschäftigten in Dienstleistungsunternehmen zurückgegangen.

Das wird in der kommenden Zeit verschärft so weitergehen. Die Gesundheitswirtschaft bildet dabei für Regionen die größten Chancen. Die Politik hat diese Veränderungen allerdings nur sehr begrenzt realisiert. Immer noch wird in ganz vielen Kommunen und Landkreisen der schwindenden Wirtschaftskraft in tradierten Branchen hinterher getrauert. Häufig ist das Bild von vermeintlichen wirtschaftlichen Stärken längst nicht mehr mit der Realität in Deckung zu bringen. Die Förderung der Gesundheitswirtschaft ist noch zu oft lediglich Gegenstand von „Sonntagsreden". Insbesondere die Wirtschaftspolitik verzichtet immer wieder auf aktive Mitgestaltung und überlässt das Feld weitgehend der Sozialpolitik.

Eine starke Gesundheitswirtschaft wird in Zukunft zum entscheidenden Standortfaktor. Da ist die Attraktivität für Beschäftigte eine ganz wichtige Entscheidungsgröße. Deswegen ist eine gute Infrastruktur, die die spezifischen Bedürfnisse der Mitarbeiter in Gesundheitsunternehmen in besonderer Weise bedient, eine sinnvolle Investition. In diesem Zusammenhang spielen Bildungsangebote eine herausragende Bedeutung. Die staatliche Bildungspolitik und die Unternehmenspolitik vieler Bildungseinrichtungen haben diesen Zusammenhang bisher nicht ausreichend berücksichtigt. Hier herrscht dringender Handlungsbedarf. Das gilt vor allem auch für öffentliche Bildungsinstitutionen. Private Anbieter sind größtenteils deutlich dynamischer. Das ist angesichts der erheblichen eingesetzten öffentlichen Mittel nicht weiter tolerabel.

7   Erfolg für mutige Akteure

Erfolg stellt sich auch in der Gesundheitswirtschaft nicht automatisch ein. Das gilt trotz genereller positiver Prognose für die gesamte Branche. Neben den Chancen gibt es Risiken. Der Beschäftigungsmarkt ist so ein Feld. Es gibt aber keinen Grund, Untergangsszenarien an die Wand zu malen. Begriffe wie „Pflegenotstand" und „Ärztemangel" haben noch nie wirklich weitergeholfen. Die Herausforderung ist, den Wandel aktiv aufzugreifen und attraktive Programme zu entwickeln und vor allem umzusetzen. Auf fremde Hilfe im Wettbewerb zu setzen ist naiv. Leider gibt es immer wieder Beteiligte, die es bei Appellen belassen. Sie werden keine nachhaltige Wirkung erzielen können. Erfolg haben nur mutige Akteure.

Herausgeber- und Autorenverzeichnis

Herausgeber

Professor Heinz Lohmann

Studium der Wirtschafts- und Sozialwissenschaften; leitende Tätigkeiten in der privaten Wirtschaft und im öffentlichen Sektor, davon fast 30 Jahre in der Gesundheitswirtschaft; heute Gesundheitsunternehmer, u. a. Geschäftsführender Gesellschafter der Lohmann konzept GmbH sowie Gesellschafter der Wiso Hanse Management GmbH; Vorsitzender der Initiative Gesundheitswirtschaft e. V.; Lehraufträge als Professor der Hochschule für Angewandte Wissenschaften Hamburg; Präsident des Gesundheitswirtschaftskongresses in Hamburg, des Österreichischen Gesundheitswirtschaftskongresses in Wien sowie wissenschaftlicher Leiter des Kongresses Krankenhaus, Klinik, Rehabilitaion des Hauptstadtkongresses in Berlin; Autor zahlreicher Publikationen; Gastgeber des TV-Talks Mensch Wirtschaft!; Sammler und Förderer der experimentellen Gegenwartskunst „Change art".

Dr. Uwe K. Preusker

Strategischer Berater, Moderator und Publizist im Gesundheitswesen. Leiter des Deutschen Pflegekongresses im Rahmen des Hauptstadtkongresses Medizin und Gesundheit in Berlin. Im Rahmen seiner publizistischen Tätigkeit gibt er seit Herbst 2003 den Hintergrund-Informationsdienst „Klinik Markt inside" sowie das „Lexikon Gesundheitsmarkt" heraus. Darüber hinaus ist er seit vielen Jahren als Referent und Dozent insbesondere in den Themenbereichen Internationale Gesundheitspolitik, Gesundheitssysteme Deutschlands und Nordeuropas, Rationierung und Priorisierung von Gesundheitsleistungen sowie Gesundheitsökonomie tätig. Des Weiteren ist er Dozent im MBA-Studiengang für Ärzte an der Hochschule für angewandte Wissenschaften Zürich (ZHAW).

Autoren

Breßlein, Dr. Susann, Geschäftsführerin, Klinikum Saarbrücken gGmbH

Debatin, Prof. Dr. Jörg F., Ärztlicher Direktor, Vorsitzender des Vorstands, Universitätsklinikum Hamburg-Eppendorf

Dithmar, Dr. Christiane, Geschäftsführerin, drdp Managementberatung

Ehl, Armin, Hauptgeschäftsführer, Marburger Bund Bundesverband

Ehrhard, Tobias, Diplom-Wirtschaftsingenieur, wissenschaftlicher Mitarbeiter, WifOR GmbH, Darmstadt

Ekkernkamp, Prof. Dr. Axel, Ärztlicher Direktor und Geschäftsführer Unfallkrankenhaus Berlin

Frese, Volker, Ressortleiter Personalwesen, Vivantes Netzwerk für Gesundheit GmbH

Füllgraf, Oliver, LL.M., Leiter Geschäftsbereich Personal, Recht & Organisation, Universitätsklinikum Hamburg-Eppendorf

Funk, Hans-Joachim, Organisationsdirektor betriebliche Altersversorgung, Generali Versicherung AG

Girke, Friedhelm H., Leiter Konzernbereichs Personal, Organisation & Pflegemanagement, Asklepios Kliniken GmbH

Henke, Prof. Dr. rer. pol. Klaus-Dirk, Fachgebiet Finanzwissenschaft und Gesundheitsökonomie, Technische Universität Berlin, Fakultät VIII-Wirtschaft und Management, Institut für Volkswirtschaft

Iwanoff, Christiane, Department Manager HR Europe & Development, Olympus Europa Holding GmbH

Kebbel, Esther, Manager European HR Development, Olympus Europa Holding GmbH

Klossek, Karin M., Inhaberin Building Brands

Kobas, Dr. Thomas, Asklepios Kliniken GmbH

Harald Kothe-Zimmermann, Geschäftsführer, GLG Gesellschaft für Leben und Gesundheit mbH

Lerch, Claudia, Kliniken der Stadt Köln gGmbH

Plöger, Heino, Manager Personnel Development, Olympus Europa Holding GmbH

Rippmann, Dr. med. Konrad, Geschäftsführer, LOHMANN konzept GmbH

Salehin, Juliane, Kliniken der Stadt Köln gGmbH

Schlüter, Prof. Dr. Bernd, Katholische Hochschule für Sozialwesen Berlin

Schmidt, Prof. Dr. med. Christian, Geschäftsführer, Kliniken der Stadt Köln gGmbH

Stender, Harald, Geschäftsführer, Westküstenkliniken Brunsbüttel und Heide gGmbH

Windeck, Dr. Peter, Geschäftsführer, MummertHealthcare

Wocken, Larissa, Fachanwältin für Arbeitsrecht, Bernzen Sonntag Rechtsanwälte, Hamburg

Liebe Kunden!

Auf unserem neuen Verlagsportal **www.medhochzwei-verlag.de** bieten wir Ihnen eine Fülle von zusätzlichen Informationen rund um das Gesundheitswesen und neuen Service:

 Profitieren Sie von unseren aktuellen Nachrichten, zu Politik, Wirtschaft, Management und Recht!

 Abonnieren Sie unseren kostenfreien monatlichen Newsletter der mit Nachrichten, interessanten Kommentaren und Beiträgen das Geschehen im deutschen Gesundheitswesen kommentiert!

 Stöbern Sie in unserer umfassenden Onlinebibliothek und nutzen Sie die Gelegenheit Werke und Publikationen, die Sie interessieren, 14 Tage kostenlos zu testen!

 Informieren Sie sich über unser Verlagsprogramm und unsere Novitäten. Buch-Bestellungen über unseren Onlineshop werden innerhalb von Deutschland versandkostenfrei ausgeliefert!

Innovationen als Zukunftssicherung des Gesundheitssystems

Die Deutsch-Schweizerische Gesellschaft für Gesundheitspolitik legt mit Band 2 Ihrer Schriftenreihe den Themenschwerpunkt auf das Innovationsmanagement in Gesundheitssystemen.

Gesundheitssysteme brauchen eine Innovationskultur um mittelfristig sowohl Organisationseffizienz als auch Versorgungsqualität zu schaffen. Diese Innovationskultur ist durch politische Rahmenvorgaben zu ermöglichen, die zuvorderst eine Investitionsfähigkeit und Investitionsbereitschaft der beteiligten Akteure fördern muss.

Diese Innovationskultur muss auf einer methodisch gesicherten Bewertungsgrundlage des Nutzens von Innovationen

- neue Produkte und therapeutische Arrangements für die betroffenen Patienten zügig verfügbar machen,
- die extrem arbeitsteiligen Prozesse innerhalb und zwischen den Sektoren optimieren,
- Organisationsalternativen gesellschaftsrechtlich ermöglichen und faktisch wie ökonomisch implementierbar machen,
- lokale und regionale Versorgungsstrukturen mit der jeweiligen politischen Verantwortung harmonisieren und dafür Akzeptanz schaffen und
- die dazu notwendige technische, funktionelle und informatorische Infrastruktur bereitstellen.

Das Werk konkretisiert diese Fragestellungen mit renommierten Autoren aus Wissenschaft, Politik und Versorgungspraxis Deutschlands und der Schweiz.

Die Herausgeber: Prof. Dr. h.c. **Herbert Rebscher** ist Vorsitzender des Vorstandes der DAK, Prof. für Gesundheitsökonomie an der Uni Bayreuth und Hauptgeschäftsführer der Deutsch-Schweizerischen Gesellschaft für Gesundheitspolitik. **Stefan Kaufmann** ist Direktor santésuisse, des Verbandes der schweizerischen Krankenversicherer.

Innovationsmanagement
in Gesundheitssystemen

Herausgegeben von Prof. Dr. h.c. Herbert Rebscher
und Stefan Kaufmann.
Ca. 450 Seiten. Hardcover. € 54,95
ISBN 978-3-86216-047-1
Erscheint Oktober 2010

medhochzwei Verlag GmbH, Alte Eppelheimer Str. 42/1, 69115 Heidelberg,
www.medhochzwei-verlag.de, Bestell-Tel. 089/2183-7928, Bestell-Fax 089/2183-7620,
E-Mail: kundenbetreuung-mhz@hjr-verlag.de
Kundenbetreuung und Auslieferung über die Verlagsgruppe Hüthig Jehle Rehm

medhochzwei